FABLES
CHOISIES.
TOME PREMIER.

FABLES
DE LA FONTAINE.

Nouvelle Edition, en quatre Volumes in-folio *grand Papier, ornée de Fleurons, Culs-de-lampe; accompagnée de* 276 *Planches, & dédiée au Roi.* *

Proposée par Souscription.

A PARIS,

Chez { Desaint et Saillant, rue S. Jean de Beauvais.
Durand, rue du Foin, la premiere Porte Cochere en entrant par la rue S. Jacques.

Le goût des Arts, & l'amour des Lettres, ont produit cette magnifique Edition. Elle eſt le fruit des veilles des plus habiles Artiſtes, & l'ouvrage de l'attention & des recherches, non ſeulement des gens de la profeſſion, mais même de quelques Amateurs les plus diſtingués par leurs connoiſſances.

Comme cette entrepriſe a été faite uniquement pour la gloire de la Nation, ſans autres prétentions que celle de retirer les fonds qu'on devoit y avancer: rien n'a été épargné dans aucun genre. Auſſi ne craint-on point d'aſſurer que cette Edition eſt la plus belle, la plus curieuſe, & la plus ſomptueuſe qui ait encore paru. Elle eſt diviſée en quatre Volumes grand *in-folio*, & ornée de 276 Planches de même grandeur, qu'il ne faut point confondre avec les Vignettes dont on a coutume d'orner la plupart des Livres, mais qui ſont toutes en particulier des Tableaux finis.

Pour en faire ſentir le mérite, il ſuffit de dire qu'elles ſont toutes d'après les Deſſeins de M. Oudry, Peintre du Roi, & Profeſſeur de l'Académie Royale de Peinture. C'eſt dans le cours de pluſieurs années que ce Peintre célèbre les a compoſés d'après l'étude de la nature, & dans ce loiſir particulier où les ſçavans Artiſtes ont ſouvent placé leurs productions les plus parfaites & les plus rares. C'étoit pour ſon propre plaiſir qu'il travailloit à ces Deſſeins. Les Volumes qui les contiennent, étoient le Recueil des Etudes qui, dans la ſuite, ſont devenues les ſujets & les originaux d'une grande quantité de Tableaux que le Public a admirés à pluſieurs repriſes au Salon de Peinture de l'Académie, & qu'on voit encore chez le Roi, & dans divers Cabinets de Curieux.

Rien ne pouvoit être en effet plus propre à féconder le génie de

---

* Elle a été annoncée dans les Journaux des Sçavans & de Trévoux des mois d'Août & de Septembre 1754, qui peuvent être conſultés par les perſonnes qui voudroient s'informer plus particulierement du mérite & de la conſidération de cet Ouvrage. Il eſt imprimé avec les mêmes caracteres que cette Annonce.

M. Oudry, & à exercer fes talens particuliers, que les Fables de La Fontaine. La fiction, la variété des fujets, les divers Théâtres où les place le Poëte, ouvroient un vafte champ à l'imagination de ce Peintre infatigable, & lui offroient particuliérement l'occafion fréquente de peindre des Païfages & des Animaux; genres, dans lefquels l'on fçait jufqu'à quel point il excelle. Auffi a-t'il faifi par-tout l'efprit & le génie de La Fontaine. Comme lui, il a fait parler les Animaux dans fes Deffeins; & dans leur attitude, leur caractere, leurs expreffions, l'on voit les mêmes paffions que les autres Peintres font paffer dans des têtes humaines.

C'eft d'après le Recueil de ces Deffeins, qu'on conferve précieufement, qu'on a fait graver les Eftampes qui doivent orner cette Edition. Mais, de quelque mérite qu'ils foient, ils euffent été inconnus au Public, fi M. Cochin, Cenfeur Royal, membre de l'Académie Royale de Peinture, & Garde des Deffeins du Roi, ne fe fut chargé de les graver & de les faire graver fous fes yeux par les plus habiles Artiftes. Ces Deffeins étoient traités à la maniere des Peintres qui fe forment des Etudes, & qui, dans le petit fur-tout, ne connoiffent ni la contrainte, ni l'affujettiffement d'un contour exactement fini; ce qui eft pourtant indifpenfable pour la perfection de la Gravure. Il falloit donc apprétier ces contours, les dégager des maffes & des ombres dans lefquelles ils fe trouvoient indécis & confondus: c'étoit, en quelque maniere, une langue à traduire pour les yeux, dont il falloit déterminer le fens & les expreffions. Pour cela, il a fallu faire de nouveaux Deffeins d'après les Originaux de M. Oudry; c'eft-à-dire, en tracer féparément les contours, ce que les Artiftes appellent *le trait*. M. Cochin, dont les talens fupérieurs, & pour le Deffein & pour la Gravure, font également connus de tous les Amateurs des Arts & de tous les gens de goût, a bien voulu remplir cette tâche. Il a choifi lui-même les Artiftes qu'il a jugé les plus capables, diftribué les fujets fuivant leurs talens; il a dirigé leurs travaux, retouché toutes les Epreuves à diverfes reprifes; & conduit ces Gravures à un degré de perfection qu'on auroit tenté inutilement fans fon fecours, & fans le zéle des Cars, des Dupuis, des Le Bas, & des autres Maîtres fameux qui, de leur part, ont bien voulu contribuer à la beauté de cette entreprife. C'eft dans cet état qu'on en a expofé un grand nombre en 1753 au dernier Salon de l'Académie, qui ont mérité alors l'approbation univerfelle des connoiffeurs.

Mais fi d'un côté les efforts & le concours de ces illuftres Académiciens a perfectionné & mis la derniere main à ce grand Ouvrage; il falloit de l'autre feconder l'ambition d'une entreprife auffi glorieufe, par des dépenfes & par des foins d'un autre genre. Nous voulons parler de la partie Typographique qu'on a voulu diftinguer abfolument de l'autre, & qu'on a tâché de porter, dans fon efpéce, à la fupériorité de la Gravure des Planches. On a fait fondre exprès les Caracteres *, les réglets & les autres ornemens accessoires. Chaque Fable est terminée par un Fleuron, ou par un Cul-de-lampe, composés & gravés dans un goût nouveau, & qui ne ressemblent en aucune maniere à tous ceux qu'on a employés jusqu'ici. Des fleurs artistement grouppées avec certains objets, y forment des symboles & des allégories agréables. On en a banni les figures & les autres sujets qui peuvent n'être pas heureusement rendus par la Gravure en bois, bien différente de celle en cuivre, & d'ailleurs bien plus longue & bien plus difficile. Pour donner une idée du mérite de ces Fleurons & Culs-de-lampe, il suffit de dire qu'ils sont dessinés & composés par M. BACHELIER, très-habile Peintre en Fleurs; & qu'ils sont gravés par Mrs PAPILLON & le SUEUR, qui sont sans contredit les premiers de leur Art.

La dépense prodigieuse d'une entreprise de cette conséquence étoit prévue, & le succès de cet Ouvrage n'attendoit point le secours des Souscriptions. Cependant, tant de personnes ont paru desirer d'y avoir part, pour ainsi dire, & de s'en assurer la possession d'avance, qu'il a fallu céder enfin à leur desir & à leurs sollicitations. C'est dans cette disposition, qu'au mois d'Août 1754, il fut annoncé une Souscription d'une forme inusitée jusqu'à présent, & qui ne doit avoir lieu qu'en livrant le premier Volume de cet Ouvrage. Mais l'on a bien dû s'appercevoir que cette Souscription singuliere, n'est en effet qu'une facilité pour acquérir les quatre Volumes de cet Ouvrage à un moindre prix; puisque l'argent qu'elle fera débourser, n'est pas même la valeur du premier Volume qu'on recevra en même temps. C'est ainsi que les Editeurs ont profité de cette circonstance, pour joindre aux preuves de leur désintéressement, celle de la reconnoissance que leur inspirent l'accueil & l'empressement général du Public.

Dans le temps dont on vient de parler, toutes les Planches du premier Volume étoient finies: l'on en étoit à l'impression du texte; objet dont on sent encore mieux à présent toute la difficulté; & l'on se flattoit de pouvoir le livrer au mois de Novembre suivant. Mais les apprêts de ce premier Volume ont entraîné les préparatifs de l'impression entiere de l'Ouvrage; & le desir de la porter au plus haut degré, a insensiblement engagé dans des délicatesses de choix, & dans des recherches de travail & de perfections qui n'avoient pas absolument été prévues, & qui ont retardé la publication de ce premier Volume.

Quoique ce retard constitue les Editeurs dans de grandes avances, & leur occasionne une perte réelle, ils s'en trouvent consolés en quelque maniere, par les dégrés de perfection que cet Ouvrage acquiert d'un autre côté, & par une véritable épargne de temps sur les trois autres Volumes, qui se suivront plus immédiatement qu'on ne l'avoit espéré, & sur lesquels l'assiduité du travail procure tous les jours des avances considérables.

---

* C'est pour les faire connoître, qu'on s'en est servi dans cette Annonce.

Pour satisfaire l'empressement des Curieux, l'on avoit offert dans la petite Annonce du mois d'Août, de délivrer les Estampes de ces trois Volumes à mesure qu'elles seroient tirées. Mais les inconvéniens d'une pareille distribution, ne peuvent guéres le permettre, comme on le sent bien. C'est pourquoi les Amateurs pourront s'adresser chez *M. DE MONTENAULT, rue Ste Anne à Paris, vis-à-vis le Charon du Roi*, où l'on tire toutes les Planches; & où l'on se fera un plaisir de leur montrer les progrès de cet Ouvrage.

Le premier Volume paroîtra au commencement de Février 1755; le second, au mois d'Août suivant; le troisiéme, au mois de Mars 1756; & le quatriéme & dernier Volume, dans le mois d'Octobre de la même année.

Pour se prêter aux différens goûts, on a fait imprimer cette Edition sur des papiers de diverse grandeur, tous commandés & faits exprès. Le plus grand nombre des Exemplaires est tiré sur du papier qui va de pair avec les Estampes qui se trouvent tirées sur le grand Colombier plié en quatre : c'est ce qui formera le *Papier ordinaire*. Il y en a cent Exemplaires, seulement, tirés sur du plus grand papier, ce qui forme *le grand Papier* & le papier moyen de cette Edition. Pour contenter quelques Curieux qui voudroient du *Papier extraordinaire*, on en a tiré cent autres Exemplaires sur le grand Nom de Jesus fin double; & les Planches de ces Exemplaires sont tirées sur le grand Aigle fin, plié en quatre. C'est ce qui formera le *très-grand Papier* de cette Edition.

Les prix de cet Ouvrage restent toujours les mêmes qu'il a été dit dans la petite Annonce ci-devant publiée, c'est-à-dire,

PRIX DES SOUSCRIPTIONS EN FEUILLES.	Papier ordinaire.	Grand Papier.	Papier extraordinaire; ou très-grand Papier.
En recevant la Souscription & le premier Volume	72 liv.	84 liv.	96 liv.
En recevant le second Volume	48	60	72
En recevant le troisiéme Volume	48	54	60
En recevant le quatriéme & dernier Volume	48	54	60
Prix total	216	252	288
PRIX EN FEUILLES, après la Souscription fermée.			
Chaque Volume à	75 liv.	87 liv.	100 liv.
Prix total des 4 Vol. sur les trois différens Papiers.	300	348	400

On ne tirera qu'un petit nombre d'Exemplaires, & les Souscriptions ne seront ouvertes que depuis le jour où le 1er Volume sera délivré, jusqu'au dernier jour de Juin 1755, passé lequel temps l'on ne sera plus reçu à souscrire.

Comme l'on ne s'est prêté à publier des Souscriptions que pour favoriser l'acquisition de cet Ouvrage; il est à propos d'avertir les Souscripteurs qu'un an après la publication du quatriéme & dernier Volume, ils ne seront plus admis à exiger ceux qu'ils auroient négligé de retirer : cette clause étant une condition expresse, sans laquelle les Souscriptions n'auroient pas eu lieu.

Inventé par J.B. Oudry, terminé au burin par N. Dupuis, gravé à l'eau forte par C.N. Cochin le fils qui, d'après les originaux, a fait tous les traits, conduit et dirigé tout l'ouvrage.

FABLES
CHOISIES,
MISES EN VERS
PAR J. DE LA FONTAINE.
TOME PREMIER.

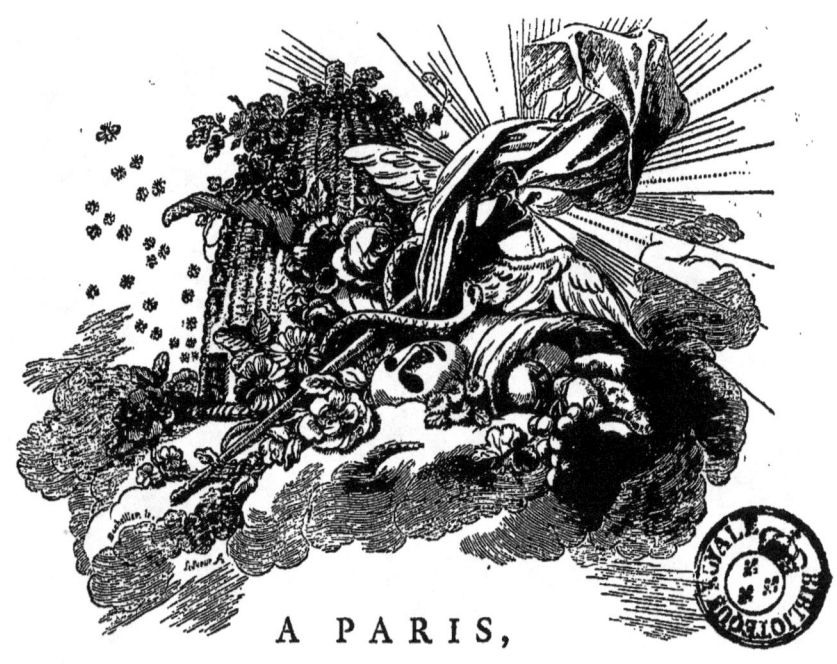

A PARIS,
Chez { DESAINT & SAILLANT, rue Saint Jean de Beauvais.
{ DURAND, rue du Foin, en entrant par la rue S. Jacques.

M. DCC. LV.
De l'Imprimerie de *Charles-Antoine Jombert.*

AU ROI.

Sire,

L'accueil que VOTRE MAJESTÉ veut bien faire à cette édition, est une suite de la bienveillance de vos ayeux pour l'immortel La Fontaine, & des *ij*

bienfaits dont il fut particulièrement honoré par le Duc de Bourgogne votre Auguste Pere. Il manquoit encore à ces Fables la protection de VOTRE MAJESTÉ, *& l'avantage de s'embellir des graces qu'elles reçoivent aujourd'hui de la perfection qu'ont atteint les Arts. C'est de votre regne glorieux qu'ils tiennent leur progrès & l'ardeur qui les inspire : ils devoient donc à leur tour en célébrer la gloire. Aussi l'annoncent-ils dans tout ce qu'ils font ; & tandis que vos vertus,* SIRE, *tracent à l'Europe le modèle d'un grand Roi, les Arts enrichissent l'Univers d'une décoration nouvelle, où la postérité n'admirera pas moins les monumens du goût & la sagacité des talens, que la grandeur & la sagesse du gouvernement qui les fit éclore. Puisse cette édition consacrer ainsi les preuves de mon zèle, & publier le profond respect avec lequel je suis,*

SIRE,

DE VOTRE MAJESTÉ,

Le très-humble, très-obéissant
& très-fidele serviteur & sujet,
DE MONTENAULT.

AVERTISSEMENT
DE L'ÉDITEUR.

Je me garderai bien de me vanter des peines, des soins, & des dépenses immenses auxquelles vient de m'exposer cette Édition.* Ce détail toujours ennuyeux pour le Public, ne donne aucune sorte de mérite à un ouvrage; & j'effrayerois ceux qui, séduits comme moi par le goût des Arts & par l'amour des Lettres, peuvent former des entreprises glorieuses à la Nation. Je me contenterai de faire connoître les Artistes fameux dont les productions & les talens ont formé cette Édition. Du reste, le mérite & l'exécution de cet Ouvrage apprendront de mes travaux tout ce qu'il est nécessaire d'en sçavoir, & tout ce que je suis jaloux qu'on en sçache.

M. Oudry, Peintre du Roi, & Professeur de l'Academie Royale de Peinture, a composé, dans le cours de plusieurs années, la suite de desseins qui accompagnent cette Édition. Ils sont le fruit des études qu'il faisoit de la nature dans la bonne saison des talens, dont il nous fait tous les jours admirer les productions. Infatigable dans le travail, toujours occupé de son art, il cherchoit dans ce temps un champ propre à exercer ses idées. Mais les bornes d'un tableau & la pratique lente de la peinture, ne suffisoient pas au feu de son génie & n'en remplissoient pas assez rapidement l'activité; il falloit à ses talens de plus amples sujets d'exécution. Les Fables de la Fontaine vinrent satisfaire à cette espece de besoin. Elles fournirent à son imagination de quoi se contenter dans ce vaste champ de paysages & d'animaux; genre de travail où l'on sçait jusqu'à quel point il excelle. C'est alors qu'il étudia ces Fables, & qu'il sçut si bien s'approprier dans ses desseins, les idées du Poëte, que l'on diroit

---

* Elle est divisée en quatre volumes, contenant chacun trois Livres des Fables & les Estampes qui y répondent. Elles sont au nombre de 276, & ce premier volume en contient 71.

en quelque façon que la même Muſe s'eſt ſervie du crayon de M. Oudry pour nous les tracer d'une maniere auſſi poëtique qu'ingénieuſe & naturelle. Auſſi peut-on à juſte titre l'appeller lui-même, le La Fontaine de la Peinture; puiſque perſonne n'a mieux ſçû faire agir & parler les animaux qu'il l'a fait dans ſes tableaux, & particuliérement dans les deſſeins que nous annonçons. Ils étoient ſes récréations: il les compoſoit pour ſon propre plaiſir, & dans ces momens de choix & de fantaiſie où un Artiſte ſaiſit vivement les idées de ſon ſujet, & donne un libre eſſor à ſon génie. C'étoit ainſi qu'il ſe formoit, ſans y penſer, le répertoire & le recueil des compoſitions qui, dans la ſuite, ſont devenues les originaux de la plûpart des tableaux que le Public a admiré au Sallon de Peinture de l'Académie, & qui ſe trouvent répandus chez le Roi & dans les cabinets des Curieux. Telle eſt l'hiſtoire des deſſeins qui viennent ſe réunir aujourd'hui pour embellir cette Édition, pour intéreſſer les Arts, & pour donner en quelque ſorte un nouveau relief aux Fables de La Fontaine.

En effet, la Peinture a ſon ſtile & ſes expreſſions, ſouvent plus énergiques, & quelquefois plus promptes à ſe gliſſer dans l'ame, que celles de l'éloquence & de la poëſie. C'eſt, ſans doute, ce qui a introduit l'uſage ancien, & trop fréquent de nos jours, d'orner ſouvent ſans néceſſité la plûpart des livres de gravures bonnes ou mauvaiſes. Mais ſi des eſtampes faites avec ſoin, adapteés aux ſujets, ſont capables d'en rendre l'expreſſion, & d'augmenter l'agrément & l'utilité d'un ouvrage; j'oſe aſſurer que cet ornement ne fut jamais plus heureuſement ni mieux employé qu'aux Fables de La Fontaine. La morale y quitte ſon auſtérité pour amuſer les hommes par des leçons qui ne ſemblent deſtinées qu'à des enfans. Badine, enjouée, elle y tient par-tout le crayon à la main, pour tracer des tableaux agréables & ſéduiſans, à l'aide deſquels la raiſon ſe trouve ſurpriſe par les plaiſirs de l'imagination. La Fontaine avoit ſenti la néceſſité d'accompagner ſes Fables de deſſeins: & l'on ne voit aucune des Éditions publiées par ſes ſoins, qui ne ſoit parée de petites

AVERTISSEMENT. v

gravures analogues à chaque sujet. Mais il leur manquoit les talens & le pinceau de M. Oudry, seul capable d'exprimer le caractere des animaux, & de donner à leurs passions ces couleurs & ces nuances qu'exigeoit la fiction.

De quelque mérite cependant que soient ces desseins, ils eussent été ignorés du Public, sans le secours de la gravure. Rassemblés dans un cabinet, ils eussent fait tout au plus les délices d'un jaloux curieux, sans augmenter la richesse des Lettres ni celle des Arts. Cette collection, la plus curieuse & la plus considérable qui soit connue d'aucuns Peintres, se fut dissipée & détruite comme tant d'autres monumens du même genre, qu'Athenes & l'ancienne Grece réclament encore, & dont il ne nous reste que des descriptions dans leurs Historiens. M. Cochin* de l'Académie Royale de Peinture, & Garde des Desseins du Roi, a bien voulu prévenir cet accident. Ses talens supérieurs pour la gravure & pour le dessein sont si connus des Amateurs & des Curieux, que je craindrois d'en affoiblir l'éloge en m'arrêtant à les faire remarquer. C'est lui qui s'est chargé de graver & de faire graver sous ses yeux ces desseins. Pour en venir à bout, il a fallu qu'il en fît de nouveaux d'après les originaux de M. Oudry, dans lesquels on pût discerner distinctement cette précision de contours à laquelle les Peintres ne s'assujetissent jamais dans la chaleur de leurs compositions, & qui est cependant indispensable à la perfection des gravures. Il ne falloit pas moins que son secours pour donner à celles-ci le degré de perfection qu'elles ont atteint, non seulement par la maniere dont les originaux sont rendus, mais encore par la correction ajoutée aux figures qu'ils contiennent. Cette partie étoit négligée, & M. Oudry reconnoît lui-même le nouveau mérite qu'elle a acquis en passant par les habiles mains de son illustre Confrere. En examinant la suite d'estampes que je présente au Public, les connoisseurs jugeront de ce que peut produire le concours de deux habiles Gens, incapables de cette basse jalousie qui suit les talens médiocres, & qui, dans leurs travaux confondus, ne

---

* Censeur Royal, & Secrétaire perpétuel de l'Académie Royale de Peinture.

fentent point d'autre forte de rivalité, que cette émulation qui tend à la perfection d'un ouvrage.

L'Impreffion de ces Fables n'a pas reçu de moindres attentions & de moindres fecours, non feulement de la part des gens du métier les plus expérimentés, mais encore des Amateurs les plus diftingués par leurs connoiffances. Je les nommerois, fi leur mérite, leur goût pour les Arts, ne les rendoient auffi remarquables que le rang & les places diftinguées qu'ils occupent. Ce que je viens d'en dire, eft le feul tribut de reconnoiffance que je hafarderai ici; fçachant bien que leur modeftie ne me permet de prendre dans les éloges qui leur font dûs, que ce qui peut intéreffer le Public pour cet ouvrage.

L'on y verra quelque chofe de neuf, quant à la gravure en bois. Cet art ancien, trop négligé, & à l'aide duquel les premiers Maîtres de la Peinture n'ont pas dédaigné de nous tranfmetre leurs deffeins & leurs compofitions, femble ne fervir depuis long-temps qu'à défigurer les plus belles éditions & à y introduire un certain goût gothique qui tient de la barbarie des premiers fiecles. Pour s'en fauver on eft obligé de recourir à la taille douce & de lui faire remplacer, par des fecours étrangers à la Typographie, les ornemens de la gravure en bois qui lui font véritablement analogues & néceffaires, & dont l'effet & les procédés font tout-à-fait différens. Mais, fans parler de l'embaras & des différens inconvéniens de cet expédient; cet affortiment fingulier n'eft-il pas une forte de bigarrure qu'on peut critiquer avec jufte raifon ? Chaque Art n'a-t-il pas fes beautés & fes perfections, fans qu'il foit néceffaire pour les faire valoir, de les confondre les uns avec les autres? L'on a donc crû devoir effayer de faire produire à la gravure en bois tout ce qu'elle étoit capable de faire. Dans cette intention, l'on a choifi les fujets qui pouvoient être le plus heureufement rendus. C'eft M. Bachelier * très-habile Peintre en fleurs, qui en a fait les deffeins; & c'eft M.M. Le Sueur & Papillon qui en ont exécuté la gravure d'une

---

* De l'Académie Royale de Peinture & Sculpture, & Directeur, quant aux deffeins, de la Manufacture Royale de porcelaine de Vincennes.

AVERTISSEMENT.

maniere à venger leur art du discrédit dans lequel il tomboit. Voilà comment la partie Typographique de cet Ouvrage a été totalement séparée de celle des estampes, afin que l'une & l'autre conservassent, à part & entr'elles, cette uniformité & cette bonne harmonie qu'on doit toujours rechercher dans les ouvrages de goût, & dans les ouvrages précieux.

Pour imprimer celui-ci, tout composé de sujets souvent très-courts & séparés par des estampes, il a fallu nécessairement multiplier les faux titres de chaque Fable, pour éviter le défaut & le désagrément d'ouvrir par-tout ce livre entre deux feuilles blanches. C'est ce qu'auroient indispensablement occasionné les revers de deux planches placées vis-à-vis de leur Fable, & adossées l'une contre l'autre. L'on s'est servi d'autant plus volontiers de l'expédient de ces faux titres, qu'il n'est point inusité, & qu'on ne pouvoit mieux faire pour sauver une difformité que l'on blâme dans quelques éditions remarquables.

Il manquoit à la tête de cet ouvrage, une vie de La Fontaine. Je me suis hazardé de la composer d'après tout ce que j'ai pû recueillir de sa mémoire, tant parmi les Auteurs ses contemporains, que d'après ceux qui méritent de la confiance & qui pouvoient être instruits de plusieurs faits particuliers. * Je sens bien qu'il y a peut-être quelque espece de témérité d'avoir entrepris cet ouvrage après les divers essais qu'en ont déja formé quelques Écrivains de mérite. Mais je voyois à regret qu'on n'avoit rassemblé qu'une petite partie de ce qui regarde cet Homme célebre, & le plus digne d'être connu. Le zèle m'a donc emporté, & c'est le motif d'indulgence que je reclame auprès des censeurs trop rigides qui voudroient blâmer cette entreprise. Je m'y suis particuliérement attaché à la vérité, & à dépeindre La Fontaine

* Telles sont parmi les sources que j'ai consultées, l'Histoire de l'Académie par M. Pellisson. Continuation de la même Histoire par M. l'Abbé d'Olivet. Les Hommes Illustres du P. Niceron. Ceux de M. Perrault. Vie de La Fontaine par Lokman, en Anglois, imprimée à Londres, in-8°. en M. DCC. XLIV. Œuvres de S. Evremont. Mélanges de Littérature par Vigneul Marvile. Mémoires sur la Vie de J. Racine. Œuvres diverses de La Fontaine, à la Haye 1729. Lettres de Mad. de Sevigné. Mémoires de Littérature par le P. Desmolets. Vie de La Fontaine par M. Freron. Dictionnaire de Morery. Histoire du Siecle de Louis XIV. par M. de Voltaire. Dictionnaire critique historique pour servir de continuation à Bayle. Commentaires & remarques sur Boileau par Brossette. Bibliotheque de Cour. Histoire Littéraire du Regne de Louis XIV. par M. l'Abbé Lambert, &c.

tel qu'il étoit, & qu'il s'ignoroit lui-même. Du reste, sans rechercher une vaine élégance de style, je me suis contenté de lier les faits suivant leur suite & leurs rapports; estimant que je ne pouvois trop mettre de simplicité dans la vie d'un Homme qui fut la simplicité même.

Pour rendre cette Édition la plus complette & la plus parfaite qu'il fut possible, j'ai consulté scrupuleusement presque toutes les Éditions qui ont été faites des Fables, & particuliérement celles de 1668, 1678, & 1694, revûes par La Fontaine lui-même, ou imprimées de son vivant. Elles m'ont servi à corriger le texte, alteré par des mots & des vers retranchés ou ajoutés mal-à-propos, & défiguré par une ponctuation vicieuse qui affoiblit ou qui détruit le sens de cet Auteur dans la plûpart des Éditions qui ont été faites jusqu'à présent. Au surplus, je n'ai pas cru pouvoir me permettre de rien supprimer des choses que La Fontaine a jointes à ses Fables, quelques superflues qu'elles puissent paroître dans cette Édition. Tout ce qui nous reste de la plume de cet excellent Écrivain doit être regardé comme un fruit précieux, bon jusqu'à l'écorce.

VIE
DE LA FONTAINE.

Le rang & les dignités ont souvent jetté de l'éclat sur de petits hommes qui possédoient de grands emplois. Les conseils qu'ils reçoivent, les secours étrangers qui leur viennent, le bonheur même d'une infinité de hazards, & la flaterie, s'empressent de déguiser leur juste valeur, & de lier leurs actions aux événemens de l'Histoire les plus remarquables. C'est ainsi que leur nom, soutenu des mains de la fortune & décoré d'une gloire qui leur fut absolument étrangére, parvient à s'échapper de l'oubli. Placés ailleurs, dépouillés de leurs titres & réduits à leurs propres forces, ils n'eussent peut-être rien laissé de singulier après eux que la mémoire de leur parfaite inutilité. Car ni l'importance des emplois, ni l'amas des circonstances les plus bruyantes, ne nous distinguent point parmi ceux qui pensent & qui sçavent juger. Pour bien connoître les hommes, c'est dans leur vie privée, dans leurs actions les plus simples & les plus naturelles, qu'il faut les prendre: c'est là qu'ils n'ont d'autres titres pour être tirés de la foule, que leurs vertus, leurs talens, & leur esprit. C'est là, c'est dans leur ame que résident les droits légitimes & personnels qu'ils ont à notre estime: tout le reste n'est point eux; & dans ce sens, il n'est point de légers détails qui ne soient intéressans & qui ne caractérisent une partie essentielle de ce qu'ils sont. C'est ce qu'a reconnu La Fontaine en nous donnant la vie d'Ésope. Je ne sçaurois mieux faire, en écrivant la sienne, que de suivre son exemple. En effet, soustraire les petites circonstances de la vie d'un Homme illustre, c'est à mon avis dérober un plaisir véritable aux Lecteurs curieux, & les priver des moyens les plus sûrs de bien démêler ce qu'il vaut.

C'est pourquoi j'ai tâché, en rejettant toutes puérilités, toutes anecdotes vulgaires, de recueillir la plûpart des choses que j'ai trouvées éparses en différentes sources, & qui m'ont paru les plus propres à peindre l'esprit & le caractere de ce grand Homme, dont la vie se rencontre par-tout sans être nulle part. *

---

* J'emploie ici l'expression dont se servit M. l'Abbé d'Olivet, de l'Académie Françoise, lorsque je le consultai sur le projet de donner une vie de La Fontaine; & je m'en sers avec d'autant plus de reconnoissance, qu'en ayant lui-même composé une, très-succinte à la vérité, dont je me suis aidé, son jugement justifie la hardiesse & la nécessité de mon entreprise.

VIE DE LA FONTAINE.

Jean de La Fontaine nâquit le 8 Juillet 1621, à Château-Thierry, ville de la Brie située sur la Marne. Son pere issu d'une ancienne famille bourgeoise, y exerçoit la charge de Maître particulier des Eaux & Forêts; & sa mere, Françoise Pidoux, étoit fille du Bailli de Coulommiers, petite ville à 13 lieues de Paris.

Son éducation ne fut ni brillante ni secondée des soins & de l'habileté qui font naître les talens. Mais la nature préserva la force des siens de l'affoiblissement, & peut-être de l'extinction, où ils auroient pû tomber par l'incapacité des maîtres de campagne, qui ne lui apprirent qu'un peu de latin. C'est tout ce qu'il dût aux premiéres instructions de sa jeunesse.

A l'âge de dix-neuf ans, il voulut entrer dans l'Oratoire, l'on ne sçait trop par quelle inspiration. Mais il n'avoit point consulté son caractere, qui commençoit à se décider, & qui l'éloignoit de tout assujétissement. Les regles & les exercices, en usage dans cette Congrégation, lui devinrent bientôt un pésant fardeau: son humeur indépendante ne put s'y plier; il en sortit dix-huit mois après.

Rentré dans le monde, sans choix d'occupations & sans aucune vûe particuliere, ses parens songerent à le produire. Son pere le revêtit de sa charge; on le maria avec Marie Hericart, fille d'un Lieutenant au Bailliage royal de la Ferté-Milon, qui joignoit à la beauté beaucoup d'esprit. Il n'eut, pour ainsi dire, point de part à ces deux engagemens: on les exigea de lui, & il s'y soumit plutôt par indolence que par goût. Aussi n'exerça-t-il sa charge pendant plus de vingt ans, qu'avec indifférence: & quant à sa femme, qui étoit d'une humeur impérieuse & fâcheuse, il s'en écarta le plus qu'il put, quoiqu'il fît cas d'ailleurs de son esprit, & qu'il la consultât sur tous les ouvrages qui lui donnerent d'abord quelque réputation. C'est elle qu'il a voulu dépeindre, dans sa nouvelle de Belfegor, sous le nom de *Madame Honesta*:

> *Belle & bienfaite, ...*
> *. . . . . . . mais d'un orgueil extrême;*
> *Et d'autant plus que de quelque vertu*
> *Un tel orgueil paroissoit revêtu.*

Souvent les talens se développent par les inspirations que l'on reçoit dans la jeunesse. Le pere de La Fontaine aimoit passionnément les vers, quoiqu'il fût d'ailleurs incapable d'en juger, & plus encore d'en faire. Cette inclination lui étoit chere; il vouloit la voir renaître dans son fils qu'il ne cessoit d'exciter à l'étude de la Poësie. Mais ses instances redoublées n'avoient encore rien eu de séduisant pour le jeune La Fontaine. Insensible aux attraits qu'on lui vantoit, il avoit atteint sa vingt-deuxième année, sans donner le moindre signe d'un penchant qui devoit bientôt le captiver entiérement. Une rencontre imprévûe vint tout-à-coup le décider, & fit germer dans son ame l'amour de la Poësie que toutes les leçons & le goût particulier de son pere n'avoient pû faire éclore. Un Officier alors en garnison à Château-Thierry, lut un jour devant lui l'Ode de Malherbe qui commence par ces vers :

> *Que direz-vous, races futures,*
> *Si quelquefois un vrai discours*
> *Vous récite les avantures*
> *De nos abominables jours ?*

Cette Ode lûe & déclamée avec emphase, transporta La Fontaine, & fit en même temps développer en lui le goût & l'enthousiasme des vers. * Malherbe dès cet instant fut l'unique objet de ses délices : il le lisoit, il l'étudioit sans cesse ; & non content de l'apprendre par cœur, il alloit jusques dans les bois en déclamer les vers. Il fit plus, il voulut l'imiter ; & comme il nous l'apprend lui-même dans une épître à M. Huet, les premiers accens de sa lyre furent montés sur le ton & sur l'harmonie des vers de ce Poëte.

> *Je pris certain Auteur autrefois pour mon maître ;*
> *Il pensa me gâter : à la fin, grace aux Dieux,*
> *Horace par bonheur me défilla les yeux.*
> *L'Auteur avoit du bon, du meilleur, & la France*
> *Estimoit dans ses vers le tour & la cadence.*
> *Qui ne les eut prisés ? J'en demeurai ravi* . . . .
> *Mais ces traits ont perdu quiconque l'a suivi.*

C'est ainsi que débuta La Fontaine ; & c'est ici, à proprement parler, la naissance du talent supérieur qu'on ne peut se lasser d'admirer dans ses ouvrages, & qui les fera passer à la postérité la plus reculée. Heureusement, comme il le dit, le charme cessa ; il ne s'en tint point à Malherbe. Glorieux de ses premieres productions, il voulut en avoir des témoins pour en jouir davantage. Son pere fut le premier qui les vit, & le bon homme en pleura de joie. Flatté de ce premier succès, il fut chercher encore l'approbation d'un de ses parens nommé Pintrel, Procureur du Roi au Présidial de Château-Thierry, homme de bon sens, qui n'étoit

---

* C'est alors qu'il eût pû s'appliquer la surprise de Perse :

> *Nec fonte labra prolui caballino :*
> *Nec in bicipiti somniasse Parnasso*
> *Memini, ut repentè sic Poëta prodirem.*

Pers. prolog. vers 1. 2. 3.

point sans goût, & qui cultivoit même les lettres. * Mais celui-ci examinant les choses de plus près, loua d'abord ses essais ; l'interrogea sur les routes qu'il suivoit ; joignit les conseils aux louanges, & voulut en lui inspirant des principes plus solides, le guider dans la carriere où il alloit se livrer. Il lui mit entre les mains, Horace, Virgile, Térence, Quintilien, comme les vraies sources du bon goût & de l'art d'écrire. La Fontaine suivit ces avis avec d'autant plus de docilité qu'il ne tarda pas à sentir ces beaux traits d'une élégance simple & noble dont Malherbe s'éloignoit autant par une ardeur inconsidérée de génie, que par une étude trop recherchée d'harmonie, d'expressions ampoulées & d'ornemens superflus.

A ces livres, il joignit la lecture de Rabelais, de Marot, & de l'Astrée de Durfé, seuls auteurs François qu'il affectionnât. Ils étoient en effet, chacun dans leur espece, très-propres à nourrir & à fortifier la trempe d'esprit de La Fontaine, ainsi que le genre de composition auquel son goût & son penchant le déterminoient plus particulierement. Rabelais lui inspiroit l'enjouement ingénieux qui devoit animer ses compositions. Marot, qui lui servit de modele, en préparoit le style ; & l'Astrée de Durfé broyoit, pour ainsi dire, dans son imagination les couleurs riantes & variées de ces images champêtres, qu'il a si bien rendues & qui lui sont si familieres. Quant aux autres Auteurs François, il en lisoit peu, *se divertissant mieux*, disoit-il, *avec les Italiens*. Aussi lût-il & relût-il l'Arioste & Bocace qu'il aima singuliérement, & qu'il sçut si bien s'approprier, qu'en les imitant, il a surpassé ces modeles. Enfin, il fit ses délices de Platon & de Plutarque. L'assortiment de ces deux auteurs à ceux qu'avoit choisi La Fontaine, & qui nous indique le caractere singulier de son génie, paroît d'abord avoir quelque chose de bizarre. Mais l'on doit en être d'autant moins surpris, qu'un homme d'un d'esprit original sçait tout mettre à profit ; & que du sein de la gravité même, sortent souvent ce sel & ces pensées vraies & ingénieuses, qui sont l'ame de la badinerie & de l'enjouement, & sans lesquelles toute composition languit. Aussi La Fontaine avoit-il étudié sérieusement ces deux Auteurs, dont il avoit noté par-tout les maximes de morale ou de politique qu'il a semées dans ses Fables. C'est ce qu'a remarqué l'un de ses successeurs à l'Académie**, sur les exemplaires de Platon & de Plutarque, qui avoient appartenus à La Fontaine.

Dès lors, livré aux Lettres, & d'un caractere aussi libre qu'indépendant, il s'abandonnoit tout entier à son goût & à son penchant, sans se ressentir des distractions de son état & de ses engagemens, lorsqu'une petite aven-

* On a de lui une traduction des Épitres de Séneque, imprimée à Paris en 1681, que La Fontaine eut soin de donner au Public après sa mort.
** M. l'Abbé d'Olivet. Voyez l'Histoire de l'Académie, Tome 2. Edit. 1743. p. 314. &c.

VIE DE LA FONTAINE.

ture parut troubler cette profonde indifférence. Un Capitaine de Dragons nommé *Poignan*, retiré à Château-Thierry, vieux militaire, par conséquent homme d'habitude, avoit pris en affection la maison de La Fontaine, & consommoit auprès de sa femme le loisir & l'ennui qu'il ne sçavoit où porter. Cet Officier n'étoit rien moins que galant, & son âge autant que son humeur, pouvoit mettre à l'abri des ombrages, un mari même soupçonneux & jaloux. Cependant, soit par malignité, soit pour s'en divertir; on en fit de mauvais rapports à La Fontaine. Son caractere simple & crédule ne lui permit point de rien examiner, de rien approfondir : il écouta tous les discours, & crut même que son honneur exigeoit qu'il se battît avec Poignan. Saisi de cette idée, il part dès le grand matin, arrive chez son homme, l'éveille, le presse de s'habiller & de sortir avec lui. Poignan surpris de cette saillie, & n'en prévoyant pas le but, le suit. Ils arrivent dans un endroit écarté, hors des portes de la ville, *je veux me battre avec toi*, lui dit La Fontaine, *on me l'a conseillé* : & après lui en avoir expliqué les raisons, La Fontaine sans attendre la réponse de Poignan, met l'épée à la main, & le force d'en faire de même. Le combat ne fut pas long. Poignan, sans abuser des avantages que l'exercice des armes pouvoit lui avoir donné sur son adversaire, lui fit sauter d'un coup l'épée de la main, & en même temps sentir le ridicule de son cartel. Cette satisfaction parut suffisante à La Fontaine : Poignan le ramena chez lui, où ils acheverent, en déjeunant, de s'entendre mieux & de se reconcilier. *

Les ouvrages de La Fontaine acquéroient déjà de la célébrité; lorsque la fameuse Duchesse de Bouillon, niéce du Cardinal Mazarin, fut exilée à Château-Thierry. Elle joignoit à l'assemblage heureux des graces de son sexe un esprit badin, délicat, enjoué & cultivé. Curieuse des talens, sur-tout éprise de goût pour le genre d'écrire qu'avoit embrassé La Fontaine, elle s'empressa de le connoître & de l'accueillir. Le Poëte ne fut pas insensible à ses avances : il lui fit assidûment sa cour; & le desir de lui plaire, échauffé par les charmes de la Duchesse, lui inspira cette gaieté libre & badine à laquelle on prétend que nous devons les plus aimables de ses Contes.

Lorsque Madame la Duchesse de Bouillon fut rappellée de son exil, elle emmena La Fontaine à Paris. Cette ville fameuse qui rassemble tant de

---

* M. Racine le fils, dans les Mémoires qu'il a donnés sur la vie de son Pere, imprimés à *Lausanne* & à *Geneve* en 1747, p. 258, 259, 260, raconte ce fait à peu près de la même maniere : mais il ajoute qu'après ce combat, comme Poignan protestoit de ne plus remettre les pieds chez lui, puisque cela avoit pû lui donner quelque inquiétude, La Fontaine lui repartit en lui serrant la main, *au contraire, j'ai fait ce que le Public vouloit; maintenant je veux que tu viennes chez moi tous les jours, sans quoi je me battrai encore avec toi.*

beaux esprits; où les talens se développent, & se communiquent une chaleur réciproque; où le vrai mérite peut briller de tout son éclat; cette Capitale, dis-je, avoit de puissants attraits pour La Fontaine. Aussi ne laissoit-il échapper aucune des occasions qui pouvoient l'y conduire. C'étoit ordinairement lorsqu'il étoit excédé des humeurs de sa femme. Alors sans aigreur, sans reproches, il partoit, & restoit à Paris autant que ses facultés pouvoient le lui permettre. Mais son peu d'arrangement dans ses affaires domestiques, & la mauvaise œconomie de sa femme, ne lui permettoient pas souvent d'y faire un long séjour. L'un & l'autre sembloient être d'accord pour dissiper un patrimoine honnête & suffisant pour leur condition : & c'est peut-être le seul cas où ces époux ayent marqué le plus d'intelligence.

A son arrivée à Paris, La Fontaine y fit rencontre d'un de ses parens nommé *Jannart*, favori de M. Fouquet Sur-Intendant des Finances, & pour lors dans la plus grande faveur. La Fontaine profita de cette rencontre, & de l'accès que sa réputation, déja répandue, pouvoit lui donner auprès de ce Ministre. Il lui fut présenté; il lui plût; & pour rendre sa situation plus aisée, M. Fouquet lui fit une pension. * La reconnoissance que La Fontaine conserva de ce bienfait, est consacrée par différentes pieces de vers insérées dans l'édition de ses œuvres posthumes, imprimées à Paris *in* 8° 1729, où l'on voit, qu'indépendamment de l'attention qu'il eut de faire sa cour à Monsieur & à Madame Fouquet, il eut la généreuse hardiesse de faire éclater ses plaintes & ses regrets sur la disgrace de ce Ministre, arrivée en 1661, dans un temps où la colere du Roi & la prévention du Public ne permettoient guères une franchise si courageuse. Quant à Jannart, qui fut enveloppé dans la disgrace de son maître, La Fontaine incapable d'abandonner son ami, le suivit dans son exil à Limoges.

A son retour de Limoges d'où Jannart fut bientôt rappellé, La Fontaine fut gratifié d'une charge de Gentilhomme chez la célébre Henriette d'Angleterre, premiere femme de *Monsieur*. Mais il ne jouit pas long-temps de cette position brillante, ni des espérances de fortune qu'elle pouvoit lui promettre. La mort précipitée de cette Princesse les fit presque aussi-tôt évanouir.

---

* La Fontaine en tenoit compte à M. Fouquet, par une autre pension de vers qu'il lui payoit exactement par quartier. C'est en se préparant à cette sorte de payement qu'il dit dans une épitre à un de ses amis :

Pâques, jour saint, veut autre poësie;
J'envoirai lors, si Dieu me prête vie,
Pour achever toute la pension,
Quelque Sonnet plein de dévotion.
Ce terme là, pourroit être le pire,
On me voit peu sur tels sujets écrire.

VIE DE LA FONTAINE.

Cependant ſes poëſies lui avoient acquis de puiſſans & généreux Protecteurs, à la tête deſquels étoient *Monſieur*, M. le Prince de Conti, M. de Vendôme, Meſdames de Bouillon & de Mazarin. Madame de la Sabliere * ſur-tout, femme d'eſprit & d'un mérite rare, le recherche plus particuliérement encore. Elle connoiſſoit l'indifférence de La Fontaine non ſeulement ſur ce qui pouvoit concerner en gros ſa fortune, mais encore ſur tous les menus détails de ſon entretien perſonnel. Elle eut la générosité de l'attirer chez elle, & de le diſpenſer des ſoins qu'il étoit incapable de prendre.

La Fontaine juſques-là ne s'étoit ſoutenu à Paris que par les bienfaits des Protecteurs dont je viens de parler. Mais ces ſecours, comme on le ſent, venoient de loin en loin, & n'avoient rien de reglé. Il n'étoit pas homme à calculer ſes beſoins ; auſſi ſe trouvoit-il ſouvent dans l'embarras. Il n'en étoit pas plus ému, & lorſque les reſſources lui manquoient, il s'en alloit à Château-Thierry ** vendre quelque portion d'héritage qu'il revenoit auſſi-tôt diſſiper à Paris ſans prévoir la néceſſité future, ni s'inquiéter de la diminution viſible de ſon patrimoine.

Chez Madame de la Sabliere, il profita de la compagnie & des entretiens de Bernier, dont il prit de bonnes leçons de Phyſique. Son dévouement aux Lettres, le rendoit jaloux de l'amitié de tous les grands Hommes de ſon ſiécle. Il les connoiſſoit, il les recherchoit avec empreſſement, & ſaiſiſſoit toutes les occaſions de s'inſtruire, ſoit par leurs converſations, ſoit en participant à leur étude & à leurs connoiſſances. Il viſitoit ſouvent Racine ; ils faiſoient enſemble de fréquentes lectures d'Homere & des autres Poëtes Grecs dans la verſion latine, car La Fontaine n'entendoit point leur langue. Tous les deux à portée de ſentir & de connoître les beaux morceaux qu'ils rencontroient ; ils les examinoient, ſe communiquoient leurs remarques & leurs réflexions. La Fontaine ſur-tout s'affectionnoit ſinguliérement des beaux traits qui l'avoient une fois frappé. Son ame alors ſe rempliſſoit d'une eſpece d'enthouſiaſme qui, pendant pluſieurs jours, s'emparoit de ſon eſprit au point de lui ôter la liberté de s'occuper de tout autre objet : il y rêvoit ſans ceſſe, il en parloit de même. C'eſt ainſi, rapporte-t-on, que s'étant un jour laiſſé conduire à Ténébres par Racine, & que s'ennuiant de la longueur de l'Office, il ſe mit à lire dans un volume de la Bible qui contenoit les petits Prophêtes. Il étoit tombé par hazard ſur la priere des Juifs dans Baruch, lorſque ſe retour-

---

* Elle aimoit la Poëſie & la Philoſophie, mais ſans oſtentation. C'eſt pour elle que Bernier, qui demeuroit chez elle, fit l'abrégé de Gaſſendi.

** Il faiſoit ordinairement ce voyage tous les ans vers le mois de Septembre, accompagné de Boileau, Racine, Chapelle, ou de quelques autres amis.

nant tout à coup vers Racine : *qui étoit ce Baruch ?* lui dit-il, *sçavez-vous que c'est un beau génie ?* Pendant plusieurs jours il fut continuellement occupé de Baruch, & ne se lassoit point de demander à tous ceux qu'il rencontroit : *avez-vous lû Baruch ? C'étoit un grand génie.* Ce trait qui dans tout autre indiqueroit une sotte surprise, caractérise la préoccupation naturelle dont l'esprit de La Fontaine étoit susceptible, & la forte impression qu'il recevoit des objets sur lesquels il avoit une fois fixé son esprit.

Mais ce qu'il y a de surprenant, c'est que ce même homme si négligent dans ses affaires & dans ses dehors, si incapable de tous soins de fortune, de toutes vûes politiques, étoit d'un conseil excellent & sûr pour tous ceux qui, dans quelque situation difficile, venoient lui confier leurs peines. Insensible pour tout ce qui le regardoit, il s'attendrissoit à la vûe des malheureux; il adoptoit, pour ainsi dire, l'état & l'embarras de ceux qui étoient dans l'infortune, ou dans l'incertitude inquiétte de la conduite qu'ils devoient tenir en certains cas qui pouvoient décider de leur sort : il trouvoit des expédiens heureux, & leur donnoit les meilleurs conseils. C'étoient les seules occasions où l'on peut dire qu'il sortoit de lui même.

Toujours plongé dans quelque méditation, où il étoit comme absorbé, on le voyoit dans une distraction prodigieuse, ne sçachant souvent ni ce qu'on disoit dans une conversation, ni ce qu'il y disoit lui-même ; à moins qu'il ne se trouvât familiérement à table avec des personnes de sa connoissance, & qu'on y traitât quelque sujet agréable & de son goût. Alors sa contenance & les traits de sa physionomie qui, dans toute autre occasion, n'annonçoient rien moins qu'un homme d'esprit, se paroient des graces de son génie ; ses yeux s'animoient, parloient le langage de ses idées; il disoit tout ce qu'il vouloit, & le disoit si bien qu'il enchantoit les oreilles les plus délicates. C'est à ces instans agréables, dont il ne s'est jamais aperçu lui-même, qu'il devoit l'empressement qu'ont eu les personnes les plus distinguées de la Cour & de la ville, de jouir de sa conversation & de l'admettre à leur table. Mais l'on doit bien s'apercevoir par ce que j'ai déjà tracé de son caractere, qu'il ne donnoit pas indifféremment par-tout la même satisfaction ni le même plaisir. Témoin l'aventure rapportée par Vigneul Marvile *.

» Trois de complot, dit-il, par le moyen d'un quatriéme qui avoit
» quelque habitude auprès de cet homme rare, nous l'attirâmes dans un
» petit coin de la ville, à une maison consacrée aux Muses, où nous lui
» donnâmes un repas, pour avoir le plaisir de jouir de son agréable entre-
» tien. Il ne se fit point prier; il vint à point nommé sur le midi. La com-

* Dans ses Mélanges de Littérature. T. 1. p. 354.

VIE DE LA FONTAINE.

„ pagnie étoit bonne, la table propre & délicate, & le buffet bien garni.
„ Point de complimens d'entrée, point de façons, nulle grimace, nulle
„ contrainte. La Fontaine garda un profond silence; on ne s'en étonna
„ point, parce qu'il avoit autre chose à faire qu'à parler. Il mangea comme
„ quatre, & bût de même. Le repas fini, on commença à souhaiter qu'il
„ parlât; mais il s'endormit. Après trois quarts d'heure de sommeil il revint
„ à lui. Il vouloit s'excuser sur ce qu'il avoit fatigué. On lui dit que cela
„ ne demandoit point d'excuse, que tout ce qu'il faisoit étoit bien fait.
„ On s'approcha de lui, on voulut le mettre en humeur & l'obliger à
„ laisser voir son esprit; mais son esprit ne parut point, il étoit allé je ne
„ sçais où, & peut-être alors animoit-il ou une grenouille dans les marais,
„ ou une cigale dans les prés, ou un renard dans sa taniere; car durant
„ tout le temps que La Fontaine demeura avec nous, il ne nous sembla
„ être qu'une machine sans ame. On le jetta dans un carrosse, où nous lui
„ dîmes adieu pour toujours. Jamais gens ne furent plus surpris, & nous
„ nous disions les uns aux autres: comment se peut-il faire qu'un homme
„ qui a sçu rendre spirituelles les plus grossieres bêtes du monde, & les
„ faire parler le plus joli langage qu'on ait jamais oui, ait une conversa-
„ tion si seche & ne puisse pas pour un quart d'heure faire venir son esprit
„ sur ses levres, & nous avertir qu'il est là.

Une autre fois, étant invité à dîner dans un de ces endroits où le maître
de la maison présente un homme d'esprit aux convives, comme un des
mêts de sa table; il mangea beaucoup, & ne dit mot. Comme il se reti-
roit de table de fort bonne heure, sous prétexte de se rendre à l'Académie;
on lui représenta qu'il avoit très-peu de chemin à faire: *je prendrai le
plus long*, répondit La Fontaine, & le voila parti. *

Il s'avisoit rarement d'entamer la conversation; & comme il étoit presque toujours préoccupé, il y plaçoit souvent des idées ou des réflexions
bizarres & singulieres, auxquelles on ne s'attendoit guères. Il étoit un jour
chez M. Despreaux avec plusieurs personnes d'une érudition distinguée;
Racine, entr'autres, & Boileau le Docteur. On y parloit depuis long-temps
de S. Augustin & de ses ouvrages; mais La Fontaine tranquille & silentieux
n'avoit point encore pris part à cette conversation, lorsque s'éveillant tout
à coup au nom de S. Augustin, *croyez-vous*, s'écria-t-il, en s'adressant à
l'Abbé Boileau, *que S. Augustin eut plus d'esprit que Rabelais?* Le Docteur
interdit de la question, & le parcourant des yeux avec surprise: *prenez-*

---

* C'étoit chez M. Laugeois d'Imbercourt, Fermier général, où M. Freron prétend qu'il *fit si
bonne chère avec si peu de dépense d'esprit.* M. Racine le fils, dans les Mémoires qu'il a donné sur
la vie de son pere, dit que c'étoit chez M. le Verrier. Voyez le Tome premier de ce Livre,
page 157.

garde, répondit-il, *Monsieur de La Fontaine, vous avez un de vos bas à l'envers*, ce qui étoit vrai.

 Le bruit ni les discours ne pouvoient troubler la léthargie apparente de ses méditations. Il étoit aussi difficile de l'en retirer, que d'interrompre dans sa conversation le fil des idées dont il étoit une fois animé. Dans un repas qu'il fit avec Moliere & Despreaux, où l'on disputoit sur le genre dramatique ; il se mit à condamner les *à parte*. *Rien*, disoit-il, *n'est plus contraire au bon sens. Quoi ! le parterre entendra ce qu'un Acteur n'entend pas, quoiqu'il soit à côté de celui qui parle !* Comme il s'échauffoit en soutenant son sentiment de façon qu'il n'étoit pas possible de l'interrompre & de lui faire entendre un mot : *Il faut*, disoit Despreaux à haute voix, tandis qu'il parloit ; *il faut que La Fontaine soit un grand coquin, un grand maraut*, & répétoit continuellement les mêmes paroles, sans que La Fontaine cessât de disserter. Enfin l'on éclata de rire ; sur quoi revenant à lui comme d'un rêve interrompu : *de quoi riez-vous donc ?* demanda-t-il : *comment*, lui répondit Despreaux, *je m'épuise à vous injurier fort haut, & vous ne m'entendez point, quoique je sois si près de vous, que je vous touche ; & vous êtes surpris qu'un Acteur sur le théâtre n'entende point un* à parte, *qu'un autre Acteur dit à côté de lui ?*

 C'étoit ainsi que Racine & Despreaux, avec lesquels il étoit extrêmement lié, s'amusoient quelquefois à ses dépens. Aussi l'appelloient-ils le *Bonhomme* ; quoiqu'ils connussent bien d'ailleurs tout ce qu'il valoit. Une fois, entr'autres, qu'ils étoient à souper chez Moliere, avec Descoteaux célébre joueur de flûte ; La Fontaine y parut plus rêveur & plus concentré en lui-même qu'à l'ordinaire. Pour le tirer de sa distraction, Despreaux, & Racine qui étoit naturellement porté à la raillerie *, se mirent à l'agacer par différents traits plus vifs & plus piquans les uns que les autres. Mais La Fontaine ne s'en déconcerta point. Ils avoient cependant poussé si loin la raillerie, que Moliere touché de la patience & de la douceur de La Fontaine, ne put s'empêcher d'en être piqué pour lui, & de dire à Descoteaux, en le tirant à part au sortir de table, *nos beaux esprits ont beau se trémousser, ils n'effaceront pas le Bon-homme*.

 La plûpart de ses actions n'étoient ni préméditées, ni suivies : le hazard en produisoit une partie, & l'autre étoit l'ouvrage des inspirations d'autrui. Lorsque Madame de La Fontaine se fut retirée à Château-Thierry, Racine & Despreaux représenterent à notre Poëte que cette séparation n'étoit pas décente & ne lui faisoit point honneur. Ils lui conseillerent un raccom-

---

* M. de Valincourt remarque qu'il avoit l'esprit porté à la raillerie, & même à une raillerie amère. Voyez les Mémoires sur la vie de Jean Racine, pages 192, 193, 194, &c. T. I.

modement. La Fontaine, sans délibérer, partit. Il se rendit en droiture chez sa femme : mais le domestique de la maison qui ne le connoissoit point, lui dit que Madame de La Fontaine étoit au Salut. Ennuyé d'attendre, il fut voir un de ses amis qui le retint à souper & à coucher. La Fontaine bien régalé, oublia sa mission ; & sans songer à sa femme, se remit le lendemain dans la voiture publique, & revint à Paris. Ses amis, en le voyant, s'empresserent de lui demander le succès de son voyage : *J'ai été pour voir ma femme*, leur dit-il, *mais je ne l'ai point trouvée ; elle étoit au Salut.*

L'amour des Lettres est souvent un vainqueur impérieux qui domine sur les sentimens les plus naturels. Lorsque l'esprit est une fois livré à cet amour, les autres facultés de l'ame, languissantes, semblent être arrêtées à ce charme puissant, & devenir indifférentes pour les objets extérieurs. La Fontaine saisi par cet enchantement, étoit non seulement incapable des conversations ordinaires, ainsi que le grand Corneille, la Bruyere, Rousseau, Malbranche &c ; mais son indifférence alloit jusqu'à l'oubli de lui-même & des objets qui le regardoient de plus près. Il eut un fils en 1660 * qu'il garda fort peu de temps auprès de lui. M. De Harlay, depuis Premier Président, l'avoit adopté, & s'étoit chargé de son éducation & de sa fortune. Il y avoit déja plusieurs années que La Fontaine l'avoit perdu de vûe, lorsqu'on les fit rencontrer dans une maison où l'on vouloit jouir du plaisir de la surprise du pere. La Fontaine, en effet, ne se douta point que ce fut son fils. Il l'entendit parler ; & témoigna à la compagnie qu'il lui trouvoit de l'esprit & de très-bonnes dispositions. L'on saisit ce moment pour lui dire que c'étoit son fils ; mais sans en être plus ému : *ah !* répondit-il, *j'en suis bien aise.*

Cette indifférence alloit en lui jusqu'à l'insensibilité. Un jour Madame de Bouillon allant à Versailles, le rencontra le matin qui rêvoit seul sous un arbre du Cours. Le soir en revenant, elle le retrouva dans le même endroit, & dans la même attitude, quoiqu'il fît très-froid, & qu'il n'eût cessé de pleuvoir toute la journée. **

C'est ainsi que travailloit souvent La Fontaine : tous les endroits lui étoient bons & indifférens. Il n'eut jamais de cabinet particulier, ni de bibliothéque. La vaine recherche des commodités, la manie de certains arrangemens, la symmétrie étudiée des ornemens, la composition & le

---

* Mort en 1722. De ce fils sont issus un garçon & trois filles, qui sont encore existans.

** Ce n'est pas dans une position semblable qu'Horace eut dit :
. . . . *hac ego mecum*
Compressis agito labris. Ubi quid datur oti,
Illudo chartis . . . .
Horat. Sat. IV. v. 137, &c.

choix d'un appartement; toutes ces choses, devenues souvent l'inquiétude & le tourment de quelques personnes d'esprit, ne vinrent jamais piquer son goût, ni troubler sa tête. La seule décoration qui lui vint en fantaisie, fut celle d'environner l'intérieur d'un cabinet de toutes les figures, en plâtre & en terre cuite, des anciens Philosophes qu'il pût rassembler ou faire jetter en moule. Cet assemblage le divertissoit: il appelloit ce réduit *la chambre des Philosophes.* *

Le célèbre Lully natif de Florence, se mit un jour en tête d'avoir un Opéra de lui. Il fut le trouver, le cajola, & le berça si bien des promesses les plus flatteuses, qu'il parvint à son but. Lully étoit ardent, impatient; & son activité ne permit point à La Fontaine de s'endormir. Il l'obsédoit sans cesse, soit pour des dispositions toujours nouvelles de quelques scenes, soit pour des alongemens ou racourcissemens de certains vers, soit enfin pour des changemens qui varioient chaque jour au gré de ses caprices. Cet ouvrage étoit enfin fini, lorsqu'au bout de quatre mois de persécution, Lully, sans mot dire, abandonna La Fontaine & son Opera, pour adopter celui d'Alceste de Quinault, qu'il mit en musique, & qui fut joué à Saint Germain devant la Cour. La Fontaine, aussi sensible à la perte de son temps & de son loisir, qu'au mépris du Musicien, ne put se refuser à l'indignation qu'inspira ce procédé à tous ses amis. C'est à leur sollicitation qu'il composa le morceau plein de sel intitulé *le Florentin*, qu'on trouve dans ses œuvres posthumes, & dans lequel en parlant du mauvais tour de Lully, il peint ainsi son caractere:

> . . . . . . *Il me fit travailler.*
> *Le Paillard s'en vint réveiller*
> *Un enfant des neuf Sœurs, enfant à barbe grise,*
> *Qui ne devoit en nulle guise*
> *Etre dupe; il le fut, & le sera toujours:*
> *Vienne encore un trompeur, je ne tarderai guères. &c.*

Incapable de haine, ou de conserver long-temps le ressentiment des injures, il ne tarda pas à être fâché d'avoir écrit contre Lully. C'est ce qu'on voit dans une de ses épitres à Madame de Thiange, où parmi les excuses qu'il emploie, & en parlant des conseils qui lui avoient été donnés, il dit:

> *Les conseils. Et de qui? du Public; c'est la ville,*
> *C'est la Cour, & ce sont toutes sortes de gens,*
> *Les amis, les indifférens,*
> *Qui m'ont fait employer le peu que j'ai de bile.*
> *Ils ne pouvoient souffrir cette atteinte à mon nom.*
> *La méritois-je? on dit que non.*

---

* Voyez une Lettre de lui à M. de Bonrepaux, du 31 Août 1687, insérée parmi les œuvres de Saint-Evremont.

VIE DE LA FONTAINE.

C'est le seul ressentiment qu'il eut dans sa vie. Son humeur tranquille & débonnaire le rendoit insensible à toutes les petites délicatesses qui heurtent la vanité & qui blessent l'amour propre de la plûpart des hommes. On eût dit qu'il étoit incapable de sentir même la raillerie piquante : on en a déja vû quelques exemples. Aussi ses amis avoient-ils le droit de lui faire, ou de lui dire tout ce qu'ils vouloient : jamais il ne s'en fâchoit. Il souffroit aisément leur mauvaise humeur, & ne leur tenoit que des propos obligeans, même dans les occasions où la patience peut échapper aux plus modérés. Le peu d'estime qu'il avoit de lui-même, son humilité naturelle, capable de faire honneur à la dévotion & à la piété même qu'il n'avoit pas, lui déroboient la connoissance de son mérite & de la sublimité de ses talens. Ses productions étoient les fruits d'un génie aisé ; elles couloient tellement de source & lui coûtoient si peu d'effort, qu'il ne faisoit pas plus d'attention à ce qu'elles valoient, qu'il en faisoit à ce qui le regardoit lui-même. Personne n'ignora plus que lui l'estime dont il étoit digne : aussi étoit-il de tous les hommes le moins propre à faire remarquer qu'il la méritoit. Il regardoit l'industrie qu'il eût fallu pour cela, comme une peine, ou comme un soin qui ne le concernoit pas, & qui n'étoit que l'affaire des autres. C'étoit en vain qu'à table ou dans un cercle, on auroit attendu de lui quelque propos ou quelque récit qui répondît à la licence répandue dans une bonne partie de ses ouvrages. Personne n'étoit ni plus retenu devant les femmes qu'il aimoit & qu'il respectoit beaucoup, ni plus réservé & plus circonspect dans les conversations même les plus familiéres & les plus libres. Lorsqu'il étoit obligé d'aller dans quelques compagnies où l'on exigeoit le récit de quelques Fables, ou de quelques Contes, il s'en excusoit modestement sur son incapacité à les bien rendre, & sur son défaut de mémoire. S'il étoit davantage pressé, il présentoit à sa place, dit-on, un nommé *Gaches* qu'il menoit souvent avec lui, & qui, prenant aussi-tôt la parole, s'acquittoit très-bien de ces sortes de commissions.

Personne ne fut si simple & si naïf dans son air, dans ses manieres, & dans toutes ses actions. A le voir agir, à observer la singularité de ses surprises ; on l'eut pris pour l'homme du monde le plus neuf ou le plus incapable de sentiment. Ce caractere d'une ingénuité qui tenoit de l'enfance, ayant passé de sa plus tendre jeunesse dans son âge le plus mûr, pouvoit le faire regarder, par ceux qui ne le connoissoient pas, comme une espece d'automate. C'est en badinant sur l'impression naturelle qui résultoit de son extérieur & de ses mœurs, que Madame de la Sabliere dit un jour, après avoir congédié tous ses domestiques à la fois ; *je n'ai gardé avec moi que mes trois animaux ; mon chien, mon chat, & mon La Fontaine.*

Lorſqu'il publia ſon Livre des *Amours de Pſiché & de Cupidon*, la malignité de quelques courtiſans voulut inſinuer à pluſieurs perſonnes, qu'il avoit eu en vûe certaines amours de Louis XIV. L'on crut y découvrir des traits de plaiſanterie & de ſatyre qui, ſans être même voilés par la fiction, s'appliquoient exactement à ce Monarque. Le goût de ces commentaires, & la fauſſe clef de cette prétendue énigme commençoient à s'accréditer; lorſque La Fontaine qui ne s'apercevoit de rien, & qui n'avoit eu aucune mauvaiſe intention, fut tout à coup effrayé par les avertiſſemens de ſes amis, & par la conſéquence de ces bruits. Il courut faire part de ſes craintes au Duc de Saint-Aignan, l'un des favoris de Louis XIV, qui, ſans adopter entiérement ſes excuſes, en eut cependant compaſſion, & promit de le tirer d'affaire. *Faites relier*, lui dit ce Seigneur, *un exemplaire de cet ouvrage. Je vous introduirai chez le Roi, dans le moment qu'il ſera le plus environné de courtiſans ; vous lui préſenterez vous-même votre livre, & ſoyez perſuadé qu'après cette démarche il n'y aura plus d'interprétations.* Ce projet eut le ſuccès qu'on en attendoit : chacun ſe tût, & La Fontaine reprit ſa tranquillité ordinaire.

La mort de M. de Colbert arrivée en 1683, laiſſa une place vacante à l'Académie Françoiſe, pour laquelle La Fontaine * & Deſpreaux furent en concurrence. Ces deux grands Poëtes avoient également le droit de ſe mettre ſur les rangs. Mais la licence répandue dans les ouvrages de notre Auteur ** réveilloit dans cette Compagnie une délicateſſe qui ſembloit ne devoir pas lui être favorable. Cependant La Fontaine que la plûpart des Académiciens deſiroient pour confrere, à cauſe de ſon rare génie & de ſa grande réputation, eut ſeize voix contre ſept. Mais Deſpreaux étoit plus connu à la Cour. Louis XIV. même l'honoroit d'une bienveillance particuliére. *** Son parti ſe hâta d'intéreſſer la religion du Roi; & les ordres qu'on en attendoit pour la réception de La Fontaine, demeurerent ſuſpendus. Dans cet intervalle, il parut ſentir l'éguillon de la gloire qu'il avoit juſqu'alors regardée avec trop d'indifférence. Ses amis vinrent l'exciter & le tirer de ſon inaction naturelle. Il ſe donna des mouvemens, & préſenta au Roi une Ballade, dont l'envoi eſt ajuſté aux circonſtances dans leſquelles ſe trouvoit La Fontaine. Il y ſollicite en ſa faveur, & tire parti

---

* Il avoit alors 63 ans.

** Lorſque La Fontaine témoigna ſouhaiter d'être admis à l'Académie Françoiſe, *il écrivit*, dit M. Perrault, *une lettre à un Prélat de la Compagnie, où il marquoit & le déplaiſir de s'être laiſſé aller à une telle licence, & la réſolution où il étoit de ne plus compoſer rien de ſemblable.*

*** Il étoit chargé dès ce temps-là par Louis XIV. d'écrire ſon hiſtoire, conjointement avec Racine; & Deſpreaux étoit alors à la ſuite de ce Prince, pour être témoin oculaire de ſes expéditions. M. de Valincourt ſuccéda à Racine, & fut aſſocié à Deſpreaux, après la mort duquel il reſta ſeul chargé de cet ouvrage.

du refrain qui fert en même temps à célébrer la gloire du Monarque.

> *Quelques esprits ont blâmé certains jeux,*
> *Certains récits qui ne font que fornettes;*
> *Si je défère aux leçons qu'ils m'ont faites,*
> *Que veut-on plus? soyez moins rigoureux,*
> *Plus indulgent, plus favorable qu'eux;*
> *Prince, en un mot, soyez ce que vous êtes,*
> *L'événement ne peut que m'être heureux.*

Il prit fort à cœur le succès de cette affaire, & c'est le seul trait d'ambition qu'on puisse remarquer dans le cours de sa vie. Cependant six mois s'étoient écoulés sans décision de la part du Roi; lorsqu'une autre place vint à vaquer à l'Académie par la mort de M. de Bezons; Despreaux y fut élu. Ce fut alors que Louis XIV. mieux disposé en faveur de Despreaux, mais qui s'étoit fait une loi de ne jamais prévenir les suffrages de l'Académie, s'expliqua ainsi au Député qui venoit lui rendre compte de cette seconde élection: *Le choix qu'on a fait de M. Despreaux, m'est très-agréable, & sera généralement approuvé. Vous pouvez,* ajouta-t-il, *recevoir incessamment La Fontaine, il a promis d'être sage.*

L'Académie reçut avec joie cette approbation; & sans attendre la réception de Despreaux qui se trouvoit en Flandres avec le Roi, & qui eut été faite le même jour; elle se hâta de procéder à celle de La Fontaine qui se fit le 2 Mai 1684. Cet empressement, & la haute opinion qu'on avoit de ses talens, furent manifestés publiquement dans cette assemblée par M. l'Abbé de la Chambre qui étoit alors Directeur. Il prit la parole, & s'adressant à La Fontaine: *L'Académie,* dit-il, *reconnoît en vous, Monsieur, un de ces excellens Ouvriers, un de ces fameux Artisans de la belle gloire, qui la va soulager dans les travaux qu'elle a entrepris pour l'ornement de la France, & pour perpétuer la mémoire d'un règne si fécond en merveilles.*

Elle reconnoît en vous, un génie aisé & facile, plein de délicatesse & de naïveté, quelque chose d'original, & qui dans sa simplicité apparente & sous un air négligé, renferme de grands trésors & de grandes beautés.

Il fut estimé & chéri de ses confreres, parmi lesquels il parut toujours avec cette candeur & cette bonté de caractere qu'on ne peut se donner, ni même imiter quand on ne l'a pas. Simple, doux, ingénu, plein de droiture, il n'eut jamais la moindre mésintelligence avec aucun d'eux. Lors même que Furetiere se fut rendu indigne de la place qu'il occupoit à l'Académie, & qu'il fut question de l'en exclure;* La Fontaine

---
* Voyez l'Histoire de l'Académie par M. Pelisson, où les particularités & les causes de cette exclusion sont détaillées.

ne put se résoudre à concourir à cette flétrissure. Il voulut donc étayer Furetiére de son suffrage ; mais malheureusement, l'une de ses distractions ordinaires * le surprit au moment qu'on alloit au scrutin pour cette exclusion. Au lieu de placer ses boules comme il le falloit, il mit la noire où devoit être la blanche, & ajouta une voix à celles qui étoient déja contre Furetiére, ce que celui-ci ne lui pardonna pas.

La Fontaine ne connoissoit ni les intrigues ni l'art de briguer les faveurs; il fuyoit la Cour, pour laquelle il n'avoit pas moins d'éloignement que pour tous ceux auprès desquels il falloit s'assujettir, se contraindre, ou se déguiser. Mais il n'est pas moins surprenant qu'il ait échapé seul, parmi tous les grands Hommes de son temps, aux libéralités & aux bienfaits de Louis XIV. auxquels, comme l'observe M. de Voltaire, il avoit droit de prétendre & par son mérite & par sa pauvreté. Après la mort de Madame de la Sabliere, il se trouva réduit dans la situation la plus difficile à supporter. En perdant cette illustre amie, La Fontaine perdit aussi les douceurs de la vie qui lui étoient les plus cheres & les plus précieuses. Son repos & sa tranquilité en furent troublés. Il se vit isolé, & contraint de pourvoir à ses besoins, devenus plus sensibles par l'âge, & que l'attention & la générosité de sa bienfaictrice lui avoient laissé ignorer pendant une bonne partie de sa vie. La nécessité, s'il faut le dire, pensa pour lors l'exiler de sa patrie, & dérober honteusement à la France l'un des génies qui lui ait fait le plus d'honneur. Il étoit aussi connu par ses ouvrages en Angleterre, qu'estimé par les qualités de son ame. Madame de Bouillon ** s'y trouvoit alors avec Madame de Mazarin sa sœur. Elles apprirent que La Fontaine ne vivoit pas commodément à Paris : elles voulurent l'attirer à Londres, & se joignirent pour cet effet à Madame Harvey ***, au Duc de Devonshire, à Milord Montaigu, à Milord Godolphin, qui tous en-

---

* Parmi plusieurs distractions, on rapporte qu'il portoit depuis deux jours un habit neuf, sans s'en être aperçu ; lorsqu'un de ses amis qu'il rencontra dans la rue, vint lui causer une grande surprise, en lui en faisant son compliment. C'étoit Madame d'Hervard, dont j'aurai occasion de parler dans la suite, qui, à l'insçu de La Fontaine, avoit fait mettre cet habit dans sa chambre à la place de celui qu'il portoit ordinairement.

Une autre fois, & ce fait est confirmé par une tradition bien constante, il oublia d'avoir été à l'enterrement d'une personne, chez laquelle il arriva pour dîner avec quelques amis qui s'étoient embarqués sous sa conduite. Mais le portier lui ayant dit que son maître étoit mort depuis huit jours : *ah ! répondit La Fontaine avec étonnement, je ne croyois pas qu'il y eut si long-temps.*

** Elle étoit arrivée en Angleterre dès l'année 1687 pour voir sa sœur.

*** Elisabeth Montaigu, veuve de M. le Chevalier d'Harvey, mort à Constantinople, où il avoit été envoyé en Ambassade par Charles II. Cette Dame avoit beaucoup d'esprit & de mérite. C'est elle qui contribua le plus à faire venir en Angleterre Madame de Mazarin, avec qui elle lia ensuite une amitié très-étroite. Etant allée à Paris en 1683, La Fontaine eut souvent occasion de la voir chez Milord Montaigu son frere, Ambassadeur d'Angleterre. Elle lui donna alors le sujet de la Fable du *Renard Anglois*, où La Fontaine a fait entrer son éloge, & qu'il lui adressa.

semble s'engagerent à lui assurer une subsistance honorable. Saint-Evremont ne fut pas le dernier à vouloir le séduire. Il lui écrivit plusieurs lettres, & La Fontaine étoit ébranlé, lorsqu'il fut détourné de ce voyage par les dernieres circonstances de sa vie dont je vais rendre compte. *

Vers la fin de 1692, il tomba dangereusement malade. Jusqu'alors il n'avoit guères porté sa vûe sur le culte ni sur les objets de la Religion; & les affaires de son salut avoient été enveloppées dans l'oubli & dans la profonde indifférence qui régnoient sur sa vie. La loi naturelle dirigeoit son cœur, & guidoit l'innocence de ses mœurs. Son esprit ennemi du travail, incapable d'effort ou de contention de quelque nature qu'elle put être, ne se donna jamais la peine de suivre long-temps le même objet, & moins encore de se porter à la contemplation des choses qui sont hors de la sphère naturelle de l'homme. Le Curé de S. Roch, informé de la maladie sérieuse de La Fontaine, lui envoya le P. Poujet **, homme d'esprit, & qui pour lors étoit Vicaire de cette Paroisse. Ce Prêtre pour donner à sa visite un air moins sérieux & moins suspect, se fit annoncer de la part de son pere, chez qui La Fontaine alloit quelquefois, pour s'informer de l'état de sa santé. Pour lui ôter toute méfiance, il se fit accompagner d'un ami commun qui l'étoit encore plus particuliérement du malade. Après les politesses d'usage, le P. Poujet fit tomber insensiblement la conversation sur la Religion, & sur les preuves qu'on en tire tant de la raison que des Livres saints. Sans se douter du but de ses discours: *Je me suis mis*, lui dit La Fontaine, avec sa naïveté ordinaire, *depuis quelque temps à lire le Nouveau Testament: je vous assure*, ajouta-t-il, *que c'est un fort bon livre; oui par ma foi, c'est un bon livre. Mais il y a un article sur lequel je ne me suis pas rendu; c'est celui de l'éternité des peines: je ne comprends pas*, dit-il, *comment cette éternité peut s'accorder avec la bonté de Dieu.* Le Pere Poujet satisfit à cette objection par les meilleures raisons qu'il put trouver dans ce moment; & La Fontaine, après plusieurs repliques, fut si content de l'entendre qu'il le pria de revenir. Le P. Poujet ne demandoit pas mieux; il partit, & lui laissa l'ami qu'il avoit amené. Le but de cette séparation préméditée étoit d'amener La Fontaine à la confidence de ses sentimens & de ses dispositions présentes. En effet; satisfait de cette visite, il dit à son ami que

---

* L'on prétend qu'alors La Fontaine se mit à apprendre la langue Angloise, & que la sécheresse & l'ennui de cette étude le détournerent d'aller en Angleterre. Mais notre langue y étoit dès ce temps aussi connue qu'aujourd'hui. Saint-Evremont, à portée de l'instruire de ce qui s'y passoit, n'apprit jamais l'Anglois; & La Fontaine étoit moins capable qu'un autre, d'être arrêté par une précaution aussi superflue.

** *Amable Poujet.* Il venoit de quitter récemment les bancs de Sorbonne où il avoit pris tous ses grades & le bonnet de Docteur. Il entra depuis dans l'Oratoire. Il composa le Catéchisme de Montpellier, & mourut à Paris en 1723.

s'il avoit à se confesser, il ne prendroit point d'autre directeur que cet Ecclésiastique.

Le P. Poujet instruit du succès de sa visite, fut exact depuis ce temps à lui en rendre deux par jour, dans lesquelles il ne cessoit, en le familiarisant avec ses discours, d'éclaircir ses doutes, & de répondre à ses questions avec l'adresse & la sagesse d'un habile homme. Ce n'étoit au fond, ni l'impiété, ni l'incrédulité qu'il avoit à combattre. La Fontaine toujours vrai, toujours sincere & rempli de bonne foi, ne cherchoit qu'à s'instruire, & à se convaincre. Il ne vouloit point faire tenir à sa bouche un langage que son cœur ou son esprit démentissent. Je ne rapporterai point les différentes objections qu'il fit, ni la maniere dont le P. Poujet sçut y satisfaire. Mais je ne sçaurois passer sous silence deux points intéressans sur lesquels La Fontaine eut peine à se rendre. Le premier fut une satisfaction publique sur ses Contes, que ce Directeur exigea de lui : l'autre, la promesse de ne jamais donner aux Comédiens une piéce de théâtre qu'il avoit composée depuis peu, & dont il avoit reçu les applaudissemens des connoisseurs, & des amis auxquels il l'avoit lûe.

Quoique La Fontaine ne regardât pas ses Contes comme un ouvrage irrépréhensible, il ne pouvoit cependant imaginer qu'ils fussent capables de produire des effets aussi pernicieux qu'on le prétendoit. Il protestoit qu'en les écrivant ils n'avoient jamais fait de mauvaises impressions sur lui : & comme sa maniere ordinaire étoit de juger des autres par lui-même ; il attribuoit ce qu'on lui disoit là-dessus à une trop grande délicatesse. C'est ainsi qu'il se deffendoit contre l'espece d'amande honorable qu'on exigeoit de lui ; mais l'éloquence du P. Poujet l'emporta sur ses répugnances. La Fontaine convaincu, se résigna, & consentit à tout ce que ce Directeur jugeroit nécessaire & convenable dans cette occasion. Quant à la piéce de théâtre, il ne se rendit point avec la même docilité. Les discussions & la controverse, entre son ami Racine & M. Nicole sur ce point, étoient encore présentes à son esprit. La décision du P. Poujet lui parut trop sévere ; il en appella à une consultation en forme de plusieurs Docteurs de Sorbonne. Elle ne lui fut point favorable ; & sans balancer il jetta sa piece au feu sans en retenir de copie. Cet ouvrage est resté perdu, on n'en sçait pas même le titre.

Parmi tous ces débats & toutes ces exhortations où se trouvoient employées tantôt une douce persuasion, & tantôt la crainte des peines de l'autre vie ; je ne dois pas oublier les réflexions de la Garde de La Fontaine, qui désignent d'une maniere aussi naturelle qu'originale, les sentimens & l'opinion qu'il inspiroit de lui. *Eh ! ne le tourmentez pas tant*, dit-

VIE DE LA FONTAINE.

elle un jour avec impatience au P. Poujet, *il est plus bête que méchant.* Une autre fois avec un air de compassion, *Dieu n'aura jamais*, disoit-elle, *le courage de le damner.*

Enfin après plus de six semaines de conférences assidues & redoublées, La Fontaine fit une confession générale, & reçut le Saint Viatique le 12 Février 1693, avec des sentimens dignes de la candeur de son ame, & des vertus du meilleur Chrétien. C'est dans ce moment qu'avec une présence d'esprit admirable, & dans les meilleurs termes, il détesta ses Contes* en présence de Messieurs de l'Académie. Il les avoit fait prier de se rendre chez lui par Députés, pour être les témoins publics de son repentir, de ses dispositions, & de la protestation autentique qu'il fit de n'employer ses talens à l'avenir, s'il recouvroit la santé, qu'à des sujets de piété. **

Il tint exactement parole. *** Il revint de cette maladie, & la premiere fois qu'il put assister à l'Académie, il y renouvella la protestation qu'il avoit faite devant les Députés, & fit lecture dans l'Assemblée d'une Paraphrase en vers François de la Prose des morts *Dies iræ.* Il l'avoit composée pour s'entretenir de la pensée de la mort, & pour se pénétrer des vérités les plus terribles de la Religion.

Le jour qu'il reçut le Saint Viatique, Monsieur le Duc de Bourgogne qui n'avoit encore atteint que sa onziéme année, fit une action digne du sang des Bourbons. De son pur mouvement, & sans y être porté par aucun conseil, il envoya un Gentilhomme à La Fontaine pour s'informer de l'état de sa santé, & pour lui présenter de sa part une bourse de cinquante louis d'or. Il lui fit dire en même temps qu'il auroit souhaité d'en avoir davantage; mais que c'étoit tout ce qu'il lui restoit du mois courant, & de ce que le Roi lui avoit fait donner pour ses menus plaisirs.

---

* Il renonça en même temps au profit qui devoit lui revenir d'une nouvelle édition de ses Contes qu'il avoit retouchée, & qui s'imprimoit alors en Hollande.

** Quelques-uns crurent alors que La Fontaine étoit mort, ou qu'il ne releveroit point de cette maladie: & ce fut dans ce temps que le Poëte Ligniére répandit dans Paris l'Epigramme suivante.

Je ne jugerai de ma vie
D'un homme avant qu'il soit éteint:
Pelisson est mort en impie,
Et La Fontaine comme un saint.

Cependant aucun de ces faits n'étoient vrais. Car La Fontaine ne mourut pas; & de ce que la violence de la maladie avoit surpris Pelisson sans lui donner le temps de recevoir les derniers Sacremens qu'il avoit différé au lendemain, l'on ne pouvoit en inférer qu'il fût mort en impie.

*** C'est par une erreur peu réfléchie & mal hazardée, que Lokman, dans son livre des Amours de Psiché & de Cupidon, en Anglois, in 8°. 1744. imprimé à Londres, suppose dans une vie qu'il a voulu donner de La Fontaine, qu'après cette maladie, il composa encore quelques piéces trop libres & dans le goût de ses Contes. Il en cite pour preuve l'édition d'un livre intitulé *Ouvrages de Prose & de Poësie, des sieurs de Maucroy & de La Fontaine*, qui parut en 1685; époque bien antérieure à la conversion de La Fontaine, & qu'il pouvoit aisément consulter.

Ce Prince dans qui l'Europe voyoit de si bonne heure germer les vertus & les sentimens dignes de la grandeur de son rang, se mit dès ce temps à la tête des bienfaicteurs de La Fontaine ; & par ses largesses écarta la nécessité qui, comme nous l'avons vû plus haut, alloit bientôt livrer La Fontaine, à l'ambitieuse rivalité d'une Nation qui nous dispute la gloire de soutenir le mérite, & de récompenser les talens.

Après sa maladie, La Fontaine fut invité par Madame d'Hervard * qui l'aimoit beaucoup, à venir loger chez elle. Il accepta cette offre, & retrouva dans cet asyle les douceurs & les attentions que Madame de la Sabliere avoit eues autrefois pour lui. Il se mit alors à traduire en vers les Hymnes de l'Église. Mais il n'avança pas beaucoup dans ce nouveau genre de travail : il l'avoit entrepris trop tard pour être secondé de ce feu poëtique qui l'avoit autrefois animé ; & qui se trouvoit alors éteint & dissipé par l'âge, la maladie, le régime, & par les austérités qu'il pratiquoit dans sa pénitence.

Il vécut encore deux ans dans cette langueur, & plus il sentoit diminuer ses forces, plus il redoubloit de ferveur. ** Il mourut le 13 Mars 1695, âgé de soixante-treize ans, huit mois, cinq jours ; & fut enterré dans le cimetiere de S. Joseph, au même endroit où l'on avoit placé le corps de son ami Moliere vingt-deux ans auparavant. Lorsqu'on le deshabilla pour le mettre au lit de la mort, il se trouva couvert d'un cilice. *** Ce que M. Racine le fils n'a point laissé échapper lorsqu'il le dépeint ainsi :

> *Vrai dans tous ses écrits, vrai dans tous ses discours,*
> *Vrai dans sa pénitence à la fin de ses jours ;*
> *Du Maître qu'il approche, il prévient la justice,*
> *Et l'Auteur de Joconde est armé d'un cilice.*

Il me reste un mot à dire de ses compositions, & à caractériser plus

---

* Femme de M. d'Hervard Conseiller au Parlement, qui conserva la mémoire de La Fontaine avec tant de vénération, qu'il se faisoit un plaisir de montrer dans sa maison, depuis lors l'hôtel d'Armenonville, la chambre où La Fontaine étoit mort, comme on fait remarquer à Rome la maison de Ciceron.

** C'est ici l'occasion de rapporter une lettre qui fait bien connoître ses dispositions. Il l'écrivit à son ami M. de Maucroy, un mois avant sa mort.

„ Tu te trompes assurément, mon cher ami, s'il est bien vrai, comme M. de Soissons me l'a dit,
„ que tu me croyes plus malade d'esprit que de corps. Il me l'a dit pour tâcher de m'inspirer du
„ courage ; mais ce n'est pas de quoi je manque. Je t'assure que le meilleur de tes amis n'a plus
„ à compter sur quinze jours de vie. Voila deux mois que je ne sors point, si ce n'est pour aller
„ un peu à l'Académie, afin que cela m'amuse. Hier, comme j'en revenois, il me prit au milieu
„ de la rue... une si grande foiblesse, que je crus véritablement mourir. O ! mon cher, *mourir n'est*
„ *rien* ; mais songes-tu que *je vais comparoître devant Dieu ?* Tu sçais comme j'ai vécu. Avant que
„ tu reçoives ce billet, les portes de l'éternité seront peut-être ouvertes pour moi. « *Œuvres diverses*
de La Fontaine. T. II. p. 173. *édit. de la Haye*, 1729.

*** M. l'Abbé d'Olivet a vû ce cilice entre les mains de M. de Maucroy, qui le gardoit comme un monument précieux de la mémoire de cet illustre ami.

VIE DE LA FONTAINE.

particuliérement son génie. Il ne connut jamais d'efforts ni de contrainte dans ses ouvrages. L'indépendance de son esprit fut égale à celle de sa vie; & l'amour de la liberté fut le guide de sa plume & de ses productions, comme il l'étoit de son goût & de ses inclinations. C'est cette aisance & cette facilité d'écrire qui le faisoit ingénieusement appeller par Madame de Bouillon, *un Fablier*, pour dire que ses Fables étoient une production naturelle des idées qui se trouvoient toutes arrangées dans sa tête. Le soin de les en retirer, fut tout son travail, ou pour mieux dire, fut l'ouvrage de la douce & tranquille rêverie dont il s'occupoit. Aussi ne fit-il pas plus de cas de ces mêmes ouvrages, que de la peine qu'ils lui coûterent. C'est ainsi qu'il apprécie modestement l'un & l'autre dans l'épitaphe qu'il s'est composée lui-même.

> *Jean s'en alla comme il étoit venu,*
> *Mangeant son fonds après son revenu,*
> *Et crut les biens chose peu nécessaire.*
> *Quant à son temps, bien sçut le dispenser;*
> *Deux parts en fit, dont il souloit passer,*
> *L'une à dormir, & l'autre à ne rien faire.*

Ses expressions délicates, enjouées & naïves, furent des copies fideles de la belle nature, dont le goût de concert avec l'esprit, lui firent saisir par-tout les nuances & les traits. C'est ainsi qu'en remaniant les ouvrages des Anciens, il se les est rendu propres, & leur a prêté une tournure & des graces qu'ils n'avoient point. Aussi sage, aussi sensé qu'Ésope; il l'a surpassé autant par la justesse des applications, que par l'élégance & la précision. Plus vif, plus rempli d'intérêt & de chaleur que Phedre, il l'a laissé derriere lui, & s'est ouvert dans ses Fables une carriere toute neuve, toute parsemée de fleurs & d'agrémens piquans. * Aussi peut-on dire qu'il est parvenu au plus haut point de perfection où l'on puisse atteindre dans ce genre.

Ses Contes, quoique d'une moindre perfection, sont des chef-d'œuvres d'une autre espece qui, dans le genre naïf, serviront toujours de modele pour la narration. L'intérêt & la saillie, toujours à côté du simple & du naturel, y charment l'esprit & surprennent l'imagination d'une maniere agréable & séduisante. Lorsque La Fontaine raconte, l'on oublie qu'on lit une fiction, on s'oublie soi-même; & livré à une espece d'enchantement, l'on croit entendre & voir tout ce qu'on lit. S'il change de style, & qu'il adresse

---

* C'est ce qu'il ne connoissoit pas, se mettant fort au dessous de Phedre. Mais, comme a dit M. de Fontenelle, *cela ne tiroit point à conséquence, & La Fontaine ne le cédoit ainsi à Phedre que par bêtise.* Mot plaisant, expression singuliere, mais qui caractérise d'une maniere aussi fine que juste, l'indifférence d'un génie supérieur qui néglige de rechercher son mérite.

quelquefois la parole aux Dames dans ses vers, quelle élégance! quelle finesse dans ses complimens! quelle tournure délicate & galante dans ses louanges!

A travers tous ces avantages, cet excellent Auteur n'a pas mis la derniere main à toutes ses piéces. Libre en écrivant comme en toute autre chose, son indolence & sa paresse se manifestent quelquefois par des constructions vicieuses, ou par des défauts de langage. Mais par-tout où l'on puisse s'arrêter à critiquer ces petites fautes, on aperçoit toujours l'homme de génie & le grand écrivain. S'il pouvoit être soupçonné de malice ou de quelque adresse recherchée, l'on diroit même que ces négligences, dans la place qu'elles occupent, sont souvent l'effet de l'art; tant elles sont imperceptibles & réparées par les choses qui les précédent ou qui les accompagnent. Mais il ne pouvoit se gêner, comme nous l'avons observé plus haut; il suivoit son humeur & sa fantaisie, & parcourant tantôt un sujet & tantôt un autre, il se livroit à différens genres: ce qui lui a fait quelquefois négliger la correction dans ses Poësies. Cette légereté d'humeur dont il se divertissoit lui-même, mettoit fort en colere Madame de Sévigné qui, dans une de ses lettres, dit d'un air piqué: *je voudrois faire une fable qui lui fît entendre combien cela est misérable de forcer son esprit à sortir de son genre, & combien la folie de vouloir chanter sur tous les tons, fait une mauvaise musique.* En ceci cependant, La Fontaine, loin de forcer son esprit, ne suivoit que son caprice & son inconstance: c'est ainsi qu'il s'en explique lui-même dans un discours à Madame de la Sabliere.

> *Papillon du Parnasse & semblable aux Abeilles,*
> *A qui le bon Platon compare nos merveilles;*
> *Je suis chose légere, & vole à tous sujets.*
> *Je vais de fleur en fleur, & d'objets en objets;*
> *A beaucoup de plaisir, je mêle un peu de gloire.*
> *J'irois plus haut peut-être au temple de Mémoire,*
> *Si dans un genre seul j'avois usé mes jours.*
> *Mais quoi! je suis volage en vers comme en amours.*

A MONSEIGNEUR
LE DAUPHIN.

MONSEIGNEUR,

S'il y a quelque chose d'ingénieux dans la République des Lettres, on peut dire que c'est la maniere dont Esope a débité sa morale. Il seroit véritablement à souhaiter que d'autres mains que les miennes y eussent ajoûté les ornemens de la poësie; puisque le plus sage des anciens a jugé qu'ils n'y étoient pas inutiles. J'ose, MONSEIGNEUR, vous en présenter quelques essais. C'est un entretien convenable à vos premieres années. Vous êtes en un âge où l'amusement & les jeux sont permis aux Princes; mais en même tems vous devez donner quelques-unes de vos pensées à des réflexions sérieuses. Tout cela se rencontre aux fables que nous devons à Esope. L'apparence en est puérile, je le confesse, mais ces puérilités servent d'enveloppe à des vérités importantes. Je ne doute point, MONSEIGNEUR, que vous ne regardiez favorablement des inventions si utiles, & tout ensemble si agréables: car que peut-on souhaiter davantage que ces deux points? Ce sont eux qui ont introduit les sciences parmi les hommes. Esope a trouvé un art singulier de les joindre l'un avec l'autre. La lecture de son ouvrage répand insensiblement dans une ame les semences de la vertu, & lui apprend à se connoître, sans qu'elle s'apperçoive de cette étude, & tandis qu'elle croit faire toute autre chose. C'est une adresse dont s'est servi très-heureusement celui sur lequel Sa Majesté a jetté les yeux pour vous donner des instructions. Il fait ensorte que vous apprenez sans peine, ou, pour mieux parler, avec plaisir, tout ce qu'il est nécessaire qu'un Prince sçache. Nous espérons beaucoup de cette conduite;

mais, à dire la vérité, il y a des choses, dont nous espérons infiniment d'avantage. Ce sont, MONSEIGNEUR, les qualités que notre invincible Monarque vous a données avec la naissance ; c'est l'exemple que tous les jours il vous donne. Quand vous le voyez former de si grands desseins ; quand vous le considerez qui regarde sans s'étonner l'agitation de l'Europe, & les machines qu'elle remue pour le détourner de son entreprise ; quand il pénétre dès sa premiere démarche jusques dans le cœur d'une Province, où l'on trouve à chaque pas des barrieres insurmontables, & qu'il en subjugue une autre en huit jours, pendant la saison la plus ennemie de la guerre, lorsque le repos & les plaisirs regnent dans les cours des autres Princes ; quand non content de dompter les hommes, il veut triompher aussi des élémens ; & quand, au retour de cette expédition, où il a vaincu comme un Alexandre, vous le voyez gouverner ses peuples comme un Auguste ; avouez le vrai, MONSEIGNEUR, vous soupirez pour la gloire aussi-bien que lui, malgré l'impuissance de vos années : vous attendez avec impatience le tems où vous pourrez vous déclarer son rival dans l'amour de cette divine maîtresse. Vous ne l'attendez pas, MONSEIGNEUR, vous le prévenez : je n'en veux pour témoignage que ces nobles inquiétudes, cette vivacité, cette ardeur, ces marques d'esprit, de courage & de grandeur d'ame, que vous faites paroître à tous les momens. Certainement c'est une joie bien sensible à notre Monarque ; mais c'est un spectacle bien agréable pour l'univers, que de voir ainsi croître une jeune plante, qui couvrira un jour de son ombre tant de peuples & de nations. Je devrois m'étendre sur ce sujet ; mais comme le dessein que j'ai de vous divertir, est plus proportionné à mes forces que celui de vous louer, je me hâte de venir aux fables, & n'ajoûterai aux vérités que je vous ai dites, que celle-ci : c'est MONSEIGNEUR, que je suis avec un zéle respectueux,

Votre très-humble & très-obéïssant,
& très-fidéle serviteur,
DE LA FONTAINE.

PRÉFACE.

L'INDULGENCE que l'on a eue pour quelques-unes de mes fables, me donne lieu d'espérer la même grace pour ce recueil. Ce n'est pas qu'un des maîtres de notre éloquence n'ait desapprouvé le dessein de les mettre en vers. Il a crû que leur principal ornement est de n'en avoir aucun : que d'ailleurs la contrainte de la poësie, jointe à la sévérité de notre langue, m'embarrasseroient en beaucoup d'endroits, & banniroient de la plûpart de ces récits la briéveté, qu'on peut fort bien appeller l'ame du conte, puisque sans elle il faut nécessairement qu'il languisse. Cette opinion ne sçauroit partir que d'un homme d'excellent goût : je demanderois seulement qu'il en relâchât quelque peu, & qu'il crût que les Graces Lacédémoniennes ne sont pas tellement ennemies des Muses Françoises que l'on ne puisse souvent les faire marcher de compagnie.

Après tout je n'ai entrepris la chose que sur l'exemple, je ne veux pas dire des anciens, qui ne tire point à conséquence pour moi, mais sur celui des modernes. C'est de tout tems, & chez tous les peuples qui font profession de poësie, que le Parnasse a jugé ceci de son appanage. A peine les fables qu'on attribue à Ésope, virent le jour, que Socrate trouva à propos de les habiller des livrées des Muses. Ce que Platon en rapporte est si agréable, que je ne puis m'empêcher d'en faire un des ornemens de cette préface. Il dit que Socrate étant condamné au dernier supplice, l'on remit l'exécution de l'arrêt à cause de certaines fêtes. Cébès l'alla voir le jour de sa mort. Socrate lui dit, que les Dieux l'avoient averti plusieurs fois pendant son sommeil, qu'il devoit s'appliquer à la musique avant qu'il mourût. Il n'avoit pas entendu d'abord ce que ce songe signifioit : car comme la musique ne rend pas l'homme meilleur, à quoi bon s'y attacher ? Il falloit qu'il y eût du mystère là-dessous ; d'autant plus que les Dieux ne se lassoient point de lui envoyer la même inspiration. Elle lui étoit encore venue une de ces fêtes. Si bien qu'en songeant aux choses que le ciel pouvoit exiger de lui, il s'étoit avisé que la musique & la poësie ont tant de rapport, que possible étoit-ce de la derniere dont il s'agissoit. Il n'y a point de bonne poësie sans harmonie, mais il n'y en a point non plus sans fictions ; & Socrate ne sçavoit que dire la vérité. Enfin il avoit trouvé un tempérament. C'étoit de choisir des fables qui continssent quelque chose de véritable, telles que sont celles d'Ésope. Il employa donc à les mettre en vers les derniers momens de sa vie.

Socrate n'est pas le seul qui ait consideré comme sœurs la poësie & nos fables. Phédre a témoigné qu'il étoit de ce sentiment ; & par l'excellence de son ouvrage, nous pouvons juger de celui du Prince des philosophes. Après Phédre, Aviénus a traité le même sujet. Enfin les modernes les ont suivis. Nous en avons des exemples non seulement chez les étrangers, mais chez nous. Il est vrai que lorsque nos gens y ont travaillé, la langue étoit si différente de ce qu'elle est, qu'on ne les doit considérer que comme étrangers. Cela ne m'a point détourné de mon entreprise : au contraire je me suis flaté de l'espérance que si je ne courois dans cette carriére avec succès, on me donneroit au moins la gloire de l'avoir ouverte.

Il arrivera possible que mon travail fera naître à d'autres personnes l'envie de porter la chose plus loin. Tant s'en faut que cette matiere soit épuisée, qu'il reste encore plus de fables à mettre en vers, que je n'en ai mis. J'ai choisi véritablement les meilleures, c'est-à-dire celles qui m'ont semblé telles. Mais outre que je puis m'être trompé dans mon choix, il ne sera pas bien difficile de donner un autre tour à celles-là même que j'ai choisies; & si ce tour est moins long, il sera sans doute plus approuvé. Quoi qu'il en arrive, on m'aura toujours obligation; soit que ma témérité ait été heureuse, & que je ne me sois point trop écarté du chemin qu'il falloit tenir, soit que j'aie seulement excité les autres à mieux faire.

Je pense avoir justifié suffisamment mon dessein : quant à l'exécution, le public en sera juge. On ne trouvera pas ici l'élégance ni l'extrême briéveté qui rendent Phédre recommendable ; ce sont qualités au-dessus de ma portée. Comme il m'étoit impossible de l'imiter en cela, j'ai crû qu'il falloit en récompense égayer l'ouvrage plus qu'il n'a fait. Non que je le blâme d'en être demeuré dans ces termes : la langue latine n'en demandoit pas davantage ; & si l'on y veut prendre garde, on reconnoîtra dans cet auteur le vrai caractére & le vrai génie de Térence. La simplicité est magnifique chez ces grands hommes : moi qui n'ai pas les perfections du langage comme ils les ont eues, je ne la puis élever à un si haut point. Il a donc fallu se récompenser d'ailleurs : c'est ce que j'ai fait avec d'autant plus de hardiesse, que Quintilien dit qu'on ne sçauroit trop égayer les narrations. Il ne s'agit pas ici d'en apporter une raison : c'est assez que Quintilien l'ait dit. J'ai pourtant considéré que ces fables étant sçues de tout le monde, je ne ferois rien si je ne les rendois nouvelles par quelques traits qui en relevassent le goût : c'est ce qu'on demande aujourd'hui ; on veut de la nouveauté & de la gaieté. Je n'appelle pas gaieté ce qui excite le rire ; mais un certain charme, un air agréable qu'on peut donner à toutes sortes de sujets, même les plus sérieux.

Mais ce n'est pas tant par la forme que j'ai donnée à cet ouvrage qu'on en doit mesurer le prix, que par son utilité & sa matiere. Car qu'y a-t-il de recommendable dans les productions de l'esprit, qui ne se rencontre dans l'apologue ? C'est quelque chose de si divin, que plusieurs personnages de l'antiquité ont attribué la plus grande partie de ces fables à Socrate, choisissant pour leur servir de pere, celui des mortels qui avoit le plus de communication avec les Dieux. Je ne sçais comme ils n'ont point fait descendre du ciel ces mêmes fables, & comme ils ne leur ont point assigné un Dieu qui en eût la direction, ainsi qu'à la poësie & à l'éloquence. Ce que je dis n'est pas tout-à-fait sans fondement ; puisque, s'il m'est permis de mêler ce que nous avons de plus sacré parmi les erreurs du paganisme, nous voyons que la vérité a parlé aux hommes par paraboles ; & la parabole est-elle autre chose que l'apologue ? c'est-à-dire, un exemple fabuleux, & qui s'insinue avec d'autant plus de facilité & d'effet, qu'il est plus commun & plus familier. Qui ne nous proposeroit à imiter que les maîtres de la sagesse, nous fourniroit un sujet d'excuse : il n'y en a point, quand des abeilles & des fourmis sont capables de cela même qu'on nous demande.

C'est pour ces raisons que Platon ayant banni Homere de sa république, y a donné à Ésope une place très-honorable. Il souhaite que les enfans sucent ces fables avec le lait : il recommande aux nourrices de les leur apprendre ; car on ne sçauroit s'accoutumer de trop bonne heure à la sagesse & à la vertu. Plutôt que d'être réduits à corriger nos habitudes, il faut travailler à les rendre bonnes, pendant qu'elles sont encore indifférentes au bien ou au mal. Or quelle méthode y peut contribuer plus utilement que ces fables ? Dites à un enfant que Crassus allant contre les Parthes, s'engagea dans leur pays, sans considérer comment il en sortiroit ; que cela le fit périr lui & son armée, quelque effort qu'il fît pour se retirer. Dites au même enfant que le renard & le bouc descendirent au fond d'un puits pour y éteindre leur soif ; que le renard en sortit, s'étant servi des épaules & des cornes de son camarade comme d'une échelle : au contraire le bouc y demeura, pour n'avoir pas eu tant de prévoyance ; & par conséquent qu'il faut considérer en toute chose la fin. Je demande lequel de ces deux exemples fera le plus d'impression sur cet enfant, ne s'arrêtera-t-il pas au dernier, comme plus

conforme

PREFACE.

conforme & moins disproportionné que l'autre à la petitesse de son esprit ? Il ne faut pas m'alléguer que les pensées de l'enfance sont d'elles-mêmes assez enfantines, sans y joindre encore de nouvelles badineries. Ces badineries ne sont telles qu'en apparence; car dans le fonds, elles portent un sens très-solide. Et comme par la définition du point, de la ligne, de la surface, & par d'autres principes très-familiers, nous parvenons à des connoissances qui mesurent enfin le ciel & la terre; de même aussi, par les raisonnemens & les conséquences que l'on peut tirer de ces fables, on se forme le jugement & les mœurs, on se rend capables des grandes choses.

Elles ne sont pas seulement morales, elles donnent encore d'autres connoissances. Les propriétés des animaux, & leurs divers caractéres y sont exprimés; par conséquent les nôtres aussi, puisque nous sommes l'abrégé de ce qu'il y a de bon & de mauvais dans les créatures irraisonnables. Quand Prométhée voulut former l'homme, il prit la qualité dominante de chaque bête. De ces piéces si différentes il composa notre espece; il fit cet ouvrage qu'on appelle le petit monde. Ainsi ces fables sont un tableau, où chacun de nous se trouve dépeint. Ce qu'elles nous représentent confirme les personnes d'age avancé dans les connoissances que l'usage leur a données, & apprend aux enfans ce qu'il faut qu'ils sçachent. Comme ces derniers sont nouveaux venus dans le monde, ils n'en connoissent pas encore les habitans; ils ne se connoissent pas eux-mêmes. On ne les doit laisser dans cette ignorance que le moins qu'on peut : il leur faut apprendre ce que c'est qu'un lion, un renard, ainsi du reste ; & pourquoi l'on compare quelquefois un homme à ce renard, ou à ce lion. C'est à quoi les fables travaillent : les premieres notions de ces choses proviennent d'elles.

J'ai déjà passé la longueur ordinaire des préfaces; cependant je n'ai pas encore rendu raison de la conduite de mon ouvrage. L'apologue est composé de deux parties, dont on peut appeler l'une le corps, l'autre l'ame. Le corps est la fable; l'ame est la moralité. Aristote n'admet la fable que dans les animaux ; il en exclut les hommes & les plantes. Cette régle est moins de nécessité que de bienséance; puisque ni Ésope, ni Phédre, ni aucun des fabulistes ne l'a gardée : tout au contraire de la moralité dont aucun ne se dispense. Que s'il m'est arrivé de le faire, ce n'a été que dans les endroits où elle n'a pû entrer avec grace, & où il est aisé au lecteur de la suppléer. *On ne considère en France que ce qui plaît : c'est la grande régle, & pour ainsi dire la seule*. Je n'ai donc pas cru que ce fût un crime de passer par-dessus les anciennes coutumes, lorsque je ne pouvois les mettre en usage sans leur faire tort. Du temps d'Ésope, la fable étoit contée simplement, la moralité séparée, & toujours ensuite. Phédre est venu qui ne s'est pas assujetti à cet ordre : il embellit la narration, & transporte quelquefois la moralité de la fin au commencement. Quand il seroit nécessaire de lui trouver place, je ne manque à ce précepte, que pour en observer un qui n'est pas moins important : c'est Horace qui nous le donne. Cet auteur ne veut pas qu'un écrivain s'opiniâtre contre l'incapacité de son esprit, ni contre celle de sa matiere. Jamais, à ce qu'il prétend, un homme qui veut réussir, n'en vient jusques-là ; il abandonne les choses dont il voit bien qu'il ne sçauroit rien faire de bon.

Et quæ
Desperat tractata nitescere posse, relinquit.

C'est ce que j'ai fait à l'égard de quelques moralités; du succès desqu'elles je n'ai pas bien espéré.

Il ne reste plus qu'à parler de la vie d'Ésope. Je ne vois presque personne qui ne tienne pour fabuleuse celle que Planude nous a laissée. On s'imagine que cet auteur a voulu donner à son héros un caractére & des aventures qui répondissent à ses fables. Cela m'a paru d'abord spécieux ; mais j'ai trouvé à la fin peu de certitude en cette critique. Elle est en partie fondée sur ce qui se passe entre Xantus & Ésope : on y trouve trop de niaiseries ; & qui est le sage, à qui de pareilles choses n'arrivent point ? Toute la vie de Socrate n'a pas été sérieuse. Ce qui me confirme en mon sentiment, c'est que le caractére que Planude donne à Ésope, est semblable à celui que Plutarque lui a donné dans son banquet des sept sages, c'est-à-dire, d'un homme subtil, & qui ne laisse rien passer. On me dira que le banquet des sept sages est aussi une invention. Il est aisé de douter de tout : quant à moi, je ne vois pas bien pourquoi Plutarque auroit voulu imposer à la postérité dans ce traité-là, lui qui fait profession d'être véritable par-tout ailleurs, & de conserver à chacun son caractére. Quand cela seroit, je ne sçaurois que mentir sur la foi d'autrui : me croira-t-on moins que si je m'arrête à la mienne ? car ce que je puis, est de composer un tissu de mes conjectures, lequel j'intitulerai, Vie d'Ésope. Quelque vraisemblable que je le rende, on ne s'y assurera pas ; & fable pour fable, le lecteur préférera toujours celle de Planude à la mienne.

LA VIE D'ÉSOPE

LE PHRYGIEN.

Nous n'avons rien d'affuré touchant la naiffance d'Homere & d'Éfope; à peine même fçait-on ce qui leur eft arrivé de plus remarquable. C'eft dont il y a lieu de s'étonner, vû que l'hiftoire ne rejette pas des chofes moins agréables & moins néceffaires que celle-là. Tant de deftructeurs de nations, tant de Princes fans mérite ont trouvé des gens qui nous ont appris jufqu'aux moindres particularités de leur vie; & nous ignorons les plus importantes de celles d'Éfope & d'Homere, c'eft-à-dire, des deux perfonnages qui ont le mieux mérité des fiécles fuivans. Car Homere n'eft pas feulement le pere des Dieux, c'eft auffi celui des bons Poëtes. Quant à Éfope, il me femble qu'on le devoit mettre au nombre des Sages, dont la Gréce s'eft tant vantée; lui qui enfeignoit la véritable fageffe, & qui l'enfeignoit avec bien plus d'art que ceux qui en donnent des définitions & des régles. On a véritablement recueilli les vies de ces deux grands hommes; mais la plûpart des Sçavans les tiennent toutes deux fabuleufes, particulierement celle que Planude a écrite. Pour moi je n'ai pas voulu m'engager dans cette critique. Comme Planude vivoit dans un fiécle où la mémoire des chofes arrivées à Éfope ne devoit pas être encore éteinte, j'ai cru qu'il fçavoit par tradition ce qu'il a laiffé. Dans cette croyance, je l'ai fuivi, fans retrancher de ce qu'il a dit d'Éfope que ce qui m'a femblé trop puéril, ou qui s'écartoit en quelque façon de la bienféance.

Éfope étoit Phrygien, d'un bourg appellé *Amorium*. Il nâquit vers la cinquante-feptiéme Olympiade, quelques deux cens ans après la fondation de Rome. On ne fçauroit dire s'il eut fujet de remercier la nature, ou bien de fe plaindre d'elle: car en le douant d'un très-bel efprit, elle le fit naître difforme & laid de vifage, ayant à peine figure d'homme, jufqu'à lui refufer prefqu'entiérement l'ufage de la parole. Avec ces défauts, quand il n'auroit pas été de condition à être efclave, il ne pouvoit pas manquer de le devenir. Au refte, fon ame fe maintint toujours libre & indépendante de la fortune.

Le premier maître qu'il eut, l'envoya aux champs labourer la terre; foit qu'il le jugeât incapable de toute autre chofe, foit pour s'ôter de devant les yeux un objet fi defagréable. Or il arriva que ce maître étant allé voir fa maifon des champs, un payfan lui donna des figues: il les trouva belles, & les fit ferrer fort foigneufement, donnant ordre à fon fommelier, appellé Agathopus, de les lui apporter au fortir du bain. Le hazard voulut qu'Éfope eut affaire dans le logis. Auffi-tôt qu'il y fut entré, Agathopus fe fervit de l'occafion, & mangea les figues avec quelques-uns de fes camarades: puis ils rejetterent cette friponnerie fur Éfope, ne croyant pas qu'il fe pût jamais juftifier, tant il étoit bégue, & paroiffoit idiot. Les châtimens dont les anciens ufoient envers leurs efclaves, étoient fort cruels, & cette faute très-puniffable. Le pauvre Éfope fe jetta aux pieds de fon maître; & fe faifant entendre du mieux qu'il put, il témoigna qu'il demandoit pour toute grace qu'on sursît de quelques momens sa punition. Cette grace lui ayant été accordée, il alla querir de l'eau tiéde, la but en présence de son Seigneur, se mit les doigts dans la bouche, & ce qui s'ensuit, sans rendre autre chose que cette eau seule. Après s'être ainsi justifié, il fit signe qu'on obligeât les autres d'en faire autant. Chacun demeura surpris : on n'auroit pas cru qu'une telle invention pût partir d'Ésope. Agathopus & ses camarades ne parurent point étonnés. Ils burent de l'eau comme le Phrygien avoit fait, & se mirent les doigts dans la bouche ; mais ils se garderent bien de les enfoncer trop avant. L'eau ne laissa pas d'agir, & de mettre en évidence les figues toutes crûes encore & toutes vermeilles. Par ce moyen Ésope se garantit : ses accusateurs furent punis doublement, pour leur gourmandise & pour leur méchanceté.

Le lendemain, après que leur maître fut parti, & le Phrygien étant à son travail ordinaire, quelques voyageurs égarés (aucuns disent que c'étoient des Prêtres de Diane) le prierent, au nom de Jupiter Hospitalier, qu'il leur enseignât le chemin qui conduisoit à la ville. Ésope les obligea premierement de se reposer à l'ombre ; puis leur ayant présenté une légere collation, il voulut être leur guide, & ne les quitta qu'après qu'il les eut remis dans leur chemin. Les bonnes gens leverent les mains au ciel, & prierent Jupiter de ne pas laisser cette action charitable sans récompense. A peine Ésope les eut quittés, que le chaud & la lassitude le contraignirent de s'endormir. Pendant son sommeil il s'imagina que sa fortune étoit debout devant lui, qui lui délioit la langue, & par même moyen lui faisoit présent de cet art dont on peut dire qu'il est l'auteur. Réjoui de cette aventure, il s'éveilla en sursaut ; & en s'éveillant : qu'est ceci ? dit-il, ma voix est devenue libre ; je prononce bien un rateau, une charrue, tout ce que je veux. Cette merveille fut cause qu'il changea de maître. Car comme un certain Zénas, qui étoit là en qualité d'œconome, & qui avoit l'œil sur les esclaves, en eut battu un outrageusement pour une faute qui ne le méritoit pas, Ésope ne put s'empêcher de le reprendre, & le menaça que ses mauvais traitemens seroient sçus. Zénas, pour le prévenir, & pour se venger de lui, alla dire au maître qu'il étoit arrivé un prodige dans sa maison ; que le Phrygien avoit recouvré la parole ; mais que le méchant ne s'en servoit qu'à blasphêmer & à médire de leur Seigneur. Le maître le crut, & passa bien plus avant ; car il lui donna Ésope, avec liberté d'en faire ce qu'il voudroit. Zénas, de retour aux champs, un marchand l'alla trouver, & lui demanda si pour de l'argent il le vouloit accommoder de quelque bête de somme. Non pas cela, dit Zénas, je n'en ai pas le pouvoir ; mais je te vendrai, si tu veux, un de nos esclaves. Là-dessus, ayant fait venir Ésope, le marchand dit : est-ce afin de te moquer que tu me proposes l'achat de ce personnage ? on le prendroit pour un outre. Dès que le marchand eut ainsi parlé, il prit congé d'eux, partie murmurant, partie riant de ce bel objet. Ésope le rappella, & lui dit : achete-moi hardiment, je ne te serai pas inutile. Si tu as des enfans qui crient & qui soient méchans, ma mine les fera taire : on les menacera de moi comme de la bête. Cette raillerie plut au marchand. Il acheta notre Phrygien trois oboles, & dit en riant : les Dieux soient loués ; je n'ai pas fait grande acquisition, à la vérité ; aussi n'ai-je pas débourdé grand argent.

Entr'autres denrées, ce marchand trafiquoit d'esclaves : si bien qu'allant à Ephese pour se défaire de ceux qu'il avoit, ce que chacun d'eux devoit porter pour la commodité du voyage fut départi selon leur emploi & selon leurs forces. Ésope pria que l'on eût égard à sa taille ; qu'il étoit nouveau venu, & devoit être traité doucement. Tu ne porteras rien, si tu veux, lui repartirent ses camarades. Ésope se piqua d'honneur, & voulut avoir sa charge comme les autres. On le laissa donc choisir. Il prit le panier au pain: c'étoit le fardeau le plus pesant. Chacun crut qu'il l'avoit fait par bêtise: mais dès la dînée le panier fut entamé, & le Phrygien déchargé d'autant: ainsi le soir, & de même le lendemain; de façon qu'au bout de deux jours il marchoit à vuide. Le bon sens & le raisonnement du personnage furent admirés.

Quant au marchand, il se défit de tous ses esclaves, à la réserve d'un grammairien, d'un chantre, & d'Ésope, lesquels il alla exposer en vente à Samos. Avant que de les mener sur la place, il fit habiller les deux premiers le plus proprement qu'il put, comme chacun farde sa marchandise: Ésope au contraire ne fut vêtu que d'un sac, & placé entre ses deux compagnons, afin de leur donner lustre. Quelques acheteurs se présenterent, entr'autres un philosophe appellé Xantus. Il demanda au grammairien & au chantre ce qu'ils sçavoient faire: tout, reprirent-ils. Cela fit rire le Phrygien, on peut s'imaginer de quel air. Planude rapporte qu'il s'en fallut peu qu'on ne prît la fuite, tant il fit une effroyable grimace. Le marchand fit son chantre mille oboles; son grammairien trois mille, & en cas que l'on achetât l'un des deux, il devoit donner Ésope pardessus le marché. La cherté du grammairien & du chantre dégoûta Xantus. Mais pour ne pas retourner chez soi sans avoir fait quelqu'emplette, ses disciples lui conseillerent d'acheter ce petit bout d'homme qui avoit ri de si bonne grace: on en feroit un épouvantail, il divertiroit les gens par sa mine. Xantus se laissa persuader, & fit prix d'Ésope à soixante oboles. Il lui demanda, devant que de l'acheter, à quoi il lui seroit propre, comme il l'avoit demandé à ses camarades. Ésope répondit: à rien, puisque les deux autres avoient tout retenu pour eux. Les commis de la douane remirent généreusement à Xantus le sol pour livre, & lui en donnerent quittance sans rien payer.

Xantus avoit une femme de goût assez délicat, & à qui toutes sortes de gens ne plaisoient pas; si bien que de lui aller présenter sérieusement son nouvel esclave, il n'y avoit pas d'apparence, à moins qu'il ne la voulût mettre en colere, & se faire moquer de lui. Il jugea plus à propos d'en faire un sujet de plaisanterie, & alla dire au logis qu'il venoit d'acheter un jeune esclave le plus beau du monde, & le mieux fait. Sur cette nouvelle les filles qui servoient sa femme se penserent battre à qui l'auroit pour son serviteur; mais elles furent bien étonnées quand le personnage parut. L'une se mit la main devant les yeux, l'autre s'enfuit, l'autre fit un cri. La maîtresse du logis dit que c'étoit pour la chasser qu'on lui amenoit un tel monstre; qu'il y avoit long-temps que le philosophe se lassoit d'elle. De parole en parole le différend s'échauffa jusqu'à tel point, que la femme demanda son bien, & voulut se retirer chez ses parens. Xantus fit tant par sa patience, & Ésope par son esprit, que les choses s'accommoderent. On ne parla plus de s'en aller, & peut-être que l'accoutumance effaça à la fin une partie de la laideur du nouvel esclave.

Je laisserai beaucoup de petites choses où il fit paroître la vivacité de son esprit: car quoiqu'on puisse juger par là de son caractère, elles sont de trop peu de conséquence pour en informer la postérité. Voici seulement un échantillon de son bon sens & de l'ignorance de son maître. Celui-ci alla chez un jardinier se choisir lui-même une salade. Les herbes cueillies, le jardinier le pria de lui satisfaire l'esprit sur une difficulté qui regardoit la philosophie aussi-bien que le jardinage: c'est que les herbes qu'il plantoit & qu'il cultivoit avec un grand soin, ne profitoient point; tout au contraire de celles que la terre produisoit d'elle-même, sans culture ni amandement. Xantus rapporta le tout à la Providence, comme on a coutume de faire quand on est court. Ésope se mit à rire; & ayant tiré son maître à part, il lui conseilla de dire à ce jardinier qu'il lui avoit fait une réponse ainsi générale, parce que la question n'étoit pas digne de lui; il le laissoit donc avec son garçon, qui assurément le satisferoit. Xantus s'étant allé promener d'un autre côté du jardin, Ésope compara la terre à une femme, qui ayant des enfans d'un premier mari, en épouseroit un second, qui auroit des enfans d'une autre femme: sa nouvelle épouse ne manqueroit pas de concevoir de l'aversion pour ceux-ci, & leur ôteroit la nourriture, afin que les siens en profitassent. Il en étoit ainsi de la terre, qui n'adoptoit qu'avec peine les productions du travail & de la culture, & qui réservoit toute sa tendresse & tous ses bienfaits pour les siennes seules: elle étoit marâtre des unes, & mere passionnée des autres. Le jardinier parut si content de cette raison, qu'il offrit à Ésope tout ce qui étoit dans son jardin.

Il arriva, quelque temps après, un grand différend entre le philosophe & sa femme. Le philosophe étant de festin, mit à part quelques friandises, & dit à Ésope: va porter ceci à ma bonne amie. Ésope l'alla donner à une petite chienne qui étoit les délices de son maître. Xantus, de retour, ne manqua pas de demander des nouvelles de son présent, & si on l'avoit trouvé bon. Sa femme ne comprenoit rien à ce langage: on fit venir Ésope pour l'éclaircir. Xantus, qui ne cherchoit qu'un prétexte pour le faire battre, lui demande s'il ne lui avoit pas dit expressément: va-t-en porter de ma part ces friandises à ma bonne amie? Ésope répondit là-dessus, que la bonne amie n'étoit pas la femme, qui, pour la moindre parole, menaçoit de faire un divorce; c'étoit la chienne, qui enduroit tout, & qui revenoit faire des caresses après qu'on l'avoit battue. Le philosophe demeura court; mais sa femme entra dans une telle colére, qu'elle se retira d'avec lui. Il n'y eut parent ni ami par qui Xantus ne lui fît parler, sans que les raisons ni les priéres y gagnassent rien. Ésope s'avisa d'un stratagême. Il acheta force gibier, comme pour une nôce considérable, & fit tant qu'il fut rencontré par un des domestiques de sa maîtresse. Celui-ci lui demanda pourquoi tant d'apprêts. Ésope lui dit que son maître ne pouvant obliger sa femme de revenir, en alloit épouser une autre. Aussi-tôt que la Dame sçut cette nouvelle, elle retourna chez son mari, par esprit de contradiction, ou par jalousie. Ce ne fut pas sans la garder bonne à Ésope, qui tous les jours faisoit de nouvelles piéces à son maître, & tous les jours se sauvoit du châtiment par quelque trait de subtilité. Il n'étoit pas possible au philosophe de le confondre.

Un certain jour de marché, Xantus qui avoit le dessein de régaler quelques-uns de ses amis, lui commanda d'acheter ce qu'il y avoit de meilleur, & rien autre chose. Je t'apprendrai, dit en soi-même le Phrygien, à spécifier ce que tu souhaites, sans t'en remettre à la discrétion d'un esclave. Il n'acheta donc que des langues, lesquelles il fit accommoder à toutes les sausses: l'entrée, le second, l'entremets, tout ne fut que langues. Les conviés louerent d'abord le choix de ce mets, à la fin ils s'en dégouterent. Ne t'ai-je pas commandé, dit Xantus, d'acheter ce qu'il y auroit de meilleur? Eh qu'y a-t-il de meilleur que la langue? reprit Esope. C'est le lien de la vie civile, la clef des sciences, l'organe de la vérité & de la raison: par elle on bâtit les villes & on les police; on instruit, on persuade, on régne dans les assemblées, on s'acquitte du premier de tous les devoirs, qui est de louer les Dieux. Et bien, dit Xantus, (qui prétendoit l'attraper) achete-moi demain ce qui est de pire: ces mêmes personnes viendront chez moi; & je veux diversifier.

Le lendemain Ésope ne fit servir que le même mets, disant que la langue est la pire chose qui soit au monde. C'est la mere de tous les débats, la nourrice des procès, la source des divisions & des guerres. Si on dit qu'elle est l'organe de la vérité, c'est aussi celui de l'erreur, & qui pis est, de la calomnie. Par elle on détruit les villes, on persuade de méchantes choses. Si, d'un côté, elle loue les Dieux, de l'autre, elle profére des blasphêmes contre leur puissance. Quelqu'un de la compagnie dit à Xantus, que véritablement ce valet lui étoit fort nécessaire; car il sçavoit le mieux du monde exercer la patience d'un philosophe. De quoi vous mettez-vous en peine?

reprit Ésope. Et trouve-moi, dit Xantus, un homme qui ne se mette en peine de rien.

Ésope alla le lendemain sur la place; & voyant un paysan qui regardoit toutes choses avec la froideur & l'indifférence d'une statue, il amena ce paysan au logis. Voilà, dit-il à Xantus, l'homme sans souci que vous demandez. Xantus commanda à sa femme de faire chauffer de l'eau, de la mettre dans un bassin, puis de laver elle-même les pieds de son nouvel hôte. Le paysan la laissa faire, quoiqu'il sçût fort bien qu'il ne méritoit pas cet honneur; mais il disoit en lui-même: c'est peut-être la coutume d'en user ainsi. On le fit asseoir au haut bout; il prit sa place sans cérémonie. Pendant le repas, Xantus ne fit autre chose que blâmer son cuisinier: rien ne lui plaisoit; ce qui étoit doux, il le trouvoit trop salé; & ce qui étoit trop salé, il le trouvoit trop doux. L'homme sans souci le laissoit dire, & mangeoit de toutes ses dents. Au dessert, on mit sur la table un gâteau, que la femme du philosophe avoit fait: Xantus le trouva mauvais, quoiqu'il fût très-bon. Voilà, dit-il, la pâtisserie la plus méchante que j'aie jamais mangée: il faut brûler l'ouvrière, car elle ne fera de sa vie rien qui vaille: qu'on apporte des fagots. Attendez, dit le paysan, je m'en vais quérir ma femme, on ne fera qu'un bucher pour toutes les deux. Ce dernier trait désarçonna le philosophe, & lui ôta l'espérance de jamais attraper le Phrygien.

Or ce n'étoit pas seulement avec son maître qu'Ésope trouvoit occasion de rire, & de dire des bons mots. Xantus l'avoit envoyé en certain endroit: il rencontra en chemin le Magistrat, qui lui demanda où il alloit. Soit qu'Ésope fût distrait, ou pour une autre raison, il répondit qu'il n'en sçavoit rien. Le Magistrat tenant à mépris & irrévérence cette réponse, le fit mener en prison. Comme les huissiers le conduisoient: ne voyez-vous pas, dit-il, que j'ai très-bien répondu? Sçavois-je que l'on me feroit aller où je vais? Le Magistrat le fit relâcher, & trouva Xantus heureux d'avoir un esclave si plein d'esprit.

Xantus, de sa part, voyoit par là de quelle importance il lui étoit de ne point affranchir Ésope, & combien la possession d'un tel esclave lui faisoit d'honneur. Même un jour, faisant la débauche avec ses disciples, Ésope qui les servoit, vit que les fumées leur échauffoient déjà la cervelle, aussi-bien au maître qu'aux écoliers. La débauche de vin, leur dit-il, a trois degrés; le premier, de volupté; le second, d'ivrognerie; le troisiéme, de fureur. On se moqua de son observation, & on continua de vuider les pots. Xantus s'en donna jusqu'à perdre la raison, & à se vanter qu'il boiroit la mer. Cela fit rire la compagnie. Xantus soutint ce qu'il avoit dit, gagea sa maison qu'il boiroit la mer toute entiere; & pour assurance de la gageure, il déposa l'anneau qu'il avoit au doigt.

Le jour suivant, que les vapeurs de Bacchus furent dissipées, Xantus fut extrêmement surpris de ne plus trouver son anneau, lequel il tenoit fort cher. Esope lui dit qu'il étoit perdu, & que sa maison l'étoit aussi, par la gageure qu'il avoit faite. Voilà le Philosophe bien allarmé. Il pria Esope de lui enseigner une défaite. Ésope s'avisa de celle-ci.

Quand le jour que l'on avoit pris pour l'exécution de la gageure fut arrivé, tout le peuple de Samos accourut au rivage de la mer, pour être témoin de la honte du philosophe. Celui de ses disciples qui avoit gagé contre lui, triomphoit déjà. Xantus dit à l'assemblée: Messieurs, j'ai gagé véritablement que je boirois toute la mer, mais non pas les fleuves qui entrent dedans: c'est pourquoi, que celui qui a gagé contre moi détourne leur cours, & puis je ferai ce que je me suis vanté de faire. Chacun admira l'expédient que Xantus avoit trouvé, pour sortir à son honneur d'un si mauvais pas. Le disciple confessa qu'il étoit vaincu, & demanda pardon à son maître. Xantus fut reconduit jusqu'en son logis avec acclamation.

Pour récompense, Ésope lui demanda la liberté. Xantus la lui refusa, & dit que le temps de l'affranchir n'étoit pas encore venu : si toutefois les Dieux l'ordonnoient ainsi, il y consentoit ; partant, qu'il prît garde au premier présage qu'il auroit étant sorti du logis : s'il étoit heureux, & que par exemple deux corneilles se présentassent à sa vûe, la liberté lui seroit donnée : s'il n'en voyoit qu'une, qu'il ne se lassât point d'être esclave. Ésope sortit aussi-tôt. Son maître étoit logé à l'écart, & apparemment vers un lieu couvert de grands arbres. A peine notre Phrygien fut hors, qu'il apperçut deux corneilles qui s'abbattirent sur le plus haut. Il en alla avertir son maître, qui voulut voir lui-même s'il disoit vrai. Tandis que Xantus venoit, l'une des corneilles s'envola. Me tromperas-tu toujours ? dit-il à Ésope : qu'on lui donne les étrivieres. L'ordre fut exécuté. Pendant le supplice du pauvre Ésope, on vint inviter Xantus à un repas : il promit qu'il s'y trouveroit. Hélas ! s'écria Ésope, les présages sont bien menteurs ! Moi qui ai vû deux corneilles, je suis battu ; mon maître qui n'en a vû qu'une, est prié de nôces. Ce mot plut tellement à Xantus, qu'il commanda qu'on cessât de fouetter Ésope : mais quant à la liberté, il ne se pouvoit résoudre à la lui donner, encore qu'il la lui promît en diverses occasions.

Un jour ils se promenoient tous deux parmi de vieux monumens, considérant avec beaucoup de plaisir les inscriptions qu'on y avoit mises. Xantus en apperçut une qu'il ne put entendre, quoiqu'il demeurât long-temps à en chercher l'explication. Elle étoit composée (1) des premieres lettres de certains mots. Le philosophe avoua ingénument que cela passoit son esprit. Si je vous fais trouver un trésor par le moyen de ces lettres, lui dit Ésope, quelle récompense aurai-je ? Xantus lui promit la liberté, & la moitié du trésor. Elle signifie, poursuivit Ésope, qu'à quatre pas de cette colonne nous en trouverons un. En effet ils le trouverent, après avoir creusé quelque peu dans la terre. Le philosophe fut sommé de tenir parole ; mais il reculoit toujours. Les Dieux me gardent de t'affranchir, dit-il à Ésope, que tu ne m'ayes donné avant cela l'intelligence de ces lettres : ce me sera un autre trésor plus précieux que celui que nous avons trouvé. On les a ici gravées, poursuivit Ésope, comme étant les premieres lettres de ces mots : Ἀποβὰς, βήματα, &c. c'est-à-dire, *si vous reculez quatre pas, & que vous creusiez, vous trouverez un trésor*. Puisque tu es si subtil, repartit Xantus, j'aurois tort de me défaire de toi : n'espere donc pas que je t'affranchisse. Et moi, repliqua Ésope, je vous dénoncerai au Roi Denys ; car c'est à lui que le trésor appartient ; & ces mêmes lettres commencent d'autres mots qui le signifient. Le philosophe intimidé, dit au Phrygien qu'il prît sa part de l'argent, & qu'il n'en dît mot ; de quoi Ésope déclara ne lui avoir aucune obligation, ces lettres ayant été choisies de telle manière qu'elles enfermoient un triple sens, & signifioient encore, *En vous en allant vous partagerez le trésor que vous aurez rencontré.* Dès qu'il fut de retour, Xantus commanda que l'on enfermât le Phrygien, & que l'on lui mît les fers aux pieds, de crainte qu'il n'allât publier cette aventure. Hélas ! s'écria Ésope, est-ce ainsi que les philosophes s'acquittent de leurs promesses ? Mais faites ce que vous voudrez, il faudra que vous m'affranchissiez malgré vous.

Sa prédiction se trouva vraie. Il arriva un prodige qui mit fort en peine les Samiens. Un aigle enleva l'anneau public (c'étoit apparemment quelque sceau que l'on apposoit aux délibérations du Conseil) & le fit tomber au sein d'un esclave. Le philosophe fut consulté là-dessus, & comme étant philosophe, & comme étant un des premiers de la République. Il demanda temps, & eut recours à son oracle ordinaire ; c'étoit Ésope. Celui-ci lui conseilla de le produire en public ; parce que s'il rencontroit bien, l'honneur en seroit toujours à son maître ; sinon, il n'y auroit que l'esclave de blâmé. Xantus approuva la chose, & le fit monter à la tribune aux harangues. Dès qu'on le vit, chacun s'éclata de rire ; personne ne s'imagina qu'il pût rien partir de raison-

(1) αβδεεἰχ.

LA VIE D'ÉSOPE.

nable d'un homme fait de cette maniére. Éfope leur dit qu'il ne falloit pas confidérer la forme du vafe, mais la liqueur qui y étoit enfermée. Les Samiens lui crierent qu'il dît donc fans crainte ce qu'il jugeoit de ce prodige. Éfope s'en excufa fur ce qu'il n'ofoit le faire. La fortune, difoit-il, avoit mis un débat de gloire entre le maître & l'efclave : fi l'efclave difoit mal, il feroit battu; s'il difoit mieux que le maître, il feroit battu encore. Auffi-tôt on preffa Xantus de l'affranchir. Le philofophe réfifta long-temps. A la fin le Prévôt de ville le menaça de le faire de fon office, & en vertu du pouvoir qu'il en avoit, comme Magiftrat; de façon que le philofophe fut obligé d'y donner les mains. Cela fait, Éfope dit que les Samiens étoient menacés de fervitude par ce prodige ; & que l'aigle enlevant leur fceau, ne fignifioit autre chofe qu'un Roi puiffant qui vouloit les affujettir.

Peu de temps après, Créfus, Roi des Lydiens, fit dénoncer à ceux de Samos qu'ils euffent à fe rendre fes tributaires, finon qu'il les y forceroit par les armes. La plûpart étoient d'avis qu'on lui obéît. Éfope leur dit que la fortune préfentoit deux chemins aux hommes; l'un de liberté, rude & épineux au commencement, mais dans la fuite très-agréable ; l'autre d'efclavage, dont les commencemens étoient plus aifés, mais la fuite laborieufe. C'étoit confeiller affez intelligiblement aux Samiens de défendre leur liberté. Ils renvoyerent l'Ambaffadeur de Créfus avec peu de fatisfaction.

Créfus fe mit en état de les attaquer. L'Ambaffadeur lui dit, que tant qu'ils auroient Éfope avec eux, il auroit peine à les réduire à fes volontés, vû la confiance qu'ils avoient au bon fens du perfonnage. Créfus le leur envoya demander, avec promeffe de leur laiffer la liberté, s'ils le lui livroient. Des principaux de la ville trouverent ces conditions avantageufes, & ne crurent pas que leur repos leur coûtât trop cher, quand ils l'acheteroient aux dépens d'Éfope. Le Phrygien leur fit changer de fentiment, en leur contant que les loups & les brébis ayant fait un traité de paix, celles-ci donnerent leurs chiens pour ôtages : quand elles n'eurent plus de défenfeurs, les loups les étranglerent avec moins de peine qu'ils ne faifoient. Cet apologue fit fon effet : les Samiens prirent une délibération toute contraire à celle qu'ils avoient prife. Éfope voulut toutefois aller vers Créfus, & dit qu'il les ferviroit plus utilement étant près du Roi, que s'il demeuroit à Samos.

Quand Créfus le vit, il s'étonna qu'une fi chétive créature lui eût été un fi grand obftacle. Quoi! voilà celui qui fait qu'on s'oppofe à mes volontés ! s'écria-t-il. Éfope fe profterna à fes pieds. Un homme prenoit des fauterelles, dit-il ; une cigale lui tomba auffi fous la main : il s'en alloit la tuer comme, il avoit fait des fauterelles. Que vous ai-je fait ? dit-elle à cet homme : je ne ronge point vos bleds ; je ne vous procure aucun dommage ; vous ne trouverez en moi que la voix, dont je me fers fort innocemment. Grand Roi, je reffemble à cette cigale ; je n'ai que la voix, & ne m'en fuis point fervi pour vous offenfer. Créfus, touché d'admiration & de pitié, non feulement lui pardonna, mais il laiffa en repos les Samiens à fa confidération.

En ce temps-là, le Phrygien compofa fes fables, lefquelles il laiffa au Roi de Lydie, & fut envoyé par lui vers les Samiens, qui décernerent à Éfope de grands honneurs. Il lui prit auffi envie de voyager, & d'aller par le monde, s'entretenant de diverfes chofes avec ceux que l'on appelloit Philofophes. Enfin il fe mit en grand crédit près de Lycerus, Roi de Babilone. Les Rois d'alors s'envoyoient les uns aux autres des problèmes à réfoudre fur toutes fortes de matiéres, à condition de fe payer une efpece de tribut ou d'amende, felon qu'ils répondroient bien ou mal aux queftions propofées : en quoi Lycerus, affifté d'Éfope, avoit toujours l'avantage, & fe rendoit illuftre parmi les autres, foit à réfoudre, foit à propofer.

Cependant notre Phrygien fe maria, & ne pouvant avoir d'enfans, il adopta un jeune homme d'extraction noble, appellé Ennus. Celui-ci le paya d'ingratitude, &

fut si méchant que d'oser souiller le lit de son bienfaiteur. Cela étant venu à la connoissance d'Ésope, il le chassa. L'autre, afin de s'en venger, contrefit des lettres, par lesquelles il sembloit qu'Ésope eût intelligence avec les Rois qui étoient émules de Lycerus. Lycerus persuadé par le cachet & par la signature de ces lettres, commanda à un de ses officiers nommé Hermippus, que sans autre enquête, il fît mourir promptement le traître Ésope. Cet Hermippus étant ami du Phrygien, lui sauva la vie; & à l'insçu de tout le monde, le nourrit long-temps dans un sépulcre, jusqu'à ce que Nectenabo, Roi d'Egypte, sur le bruit de la mort d'Ésope, crut à l'avenir rendre Lycerus son tributaire. Il osa le provoquer, & le défia de lui envoyer des architectes qui sçussent bâtir une tour en l'air, & par même moyen, un homme prêt à répondre à toutes sortes de questions. Lycerus ayant lû les lettres, & les ayant communiquées aux plus habiles de son état, chacun d'eux demeura court; ce qui fit que le Roi regretta Ésope : quand Hermippus lui dit qu'il n'étoit pas mort, il le fit venir. Le Phrygien fut très-bien reçu, se justifia, & pardonna à Ennus. Quant à la lettre du Roi d'Egypte, il n'en fit que rire, & manda qu'il envoyeroit au printemps des architectes & le répondant à toutes sortes de questions. Lycerus remit Ésope en possession de tous ses biens, & lui fit livrer Ennus pour en faire ce qu'il voudroit. Ésope le reçut comme son enfant; &, pour toute punition, lui recommanda d'honorer les Dieux & son Prince, se rendre terrible à ses ennemis, facile & commode aux autres; bien traiter sa femme, sans pourtant lui confier son secret; parler peu, & chasser de chez soi les babillards; ne se point laisser abattre aux malheurs; avoir soin du lendemain, car il vaut mieux enrichir ses ennemis par sa mort, que d'être importun à ses amis pendant son vivant; sur tout n'être point envieux du bonheur ni de la vertu d'autrui, d'autant que c'est se faire du mal à soi-même. Ennus touché de ces avertissemens & de la bonté d'Ésope, comme un trait qui lui auroit pénétré le cœur, mourut peu de temps après.

 Pour revenir au défi de Nectenabo, Ésope choisit des aiglons, & les fit instruire (chose difficile à croire) il les fit, dis-je, instruire à porter en l'air chacun un panier, dans lequel étoit un jeune enfant. Le printemps venu, il s'en alla en Egypte avec tout cet équipage, non sans tenir en grande admiration & en attente de son dessein les peuples chez qui il passoit. Nectenabo qui, sur le bruit de sa mort, avoit envoyé l'énigme, fut extrêmement surpris de son arrivée : il ne s'y attendoit pas, & ne se fût jamais engagé dans un tel défi contre Lycerus, s'il eût cru Ésope vivant. Il lui demanda s'il avoit amené les architectes & le répondant. Esope dit que le répondant étoit lui-même, & qu'il feroit voir les architectes quand il seroit sur le lieu. On sortit en pleine campagne, où les aigles enleverent les paniers avec les petits enfans, qui crioient qu'on leur donnât du mortier, des pierres & du bois. Vous voyez, dit Ésope à Nectenabo, que je vous ai trouvé les ouvriers : fournissez-leur des matériaux. Nectenabo avoua que Lycerus étoit le vainqueur. Il proposa toutefois ceci à Ésope. J'ai des cavales en Egypte qui conçoivent au hannissement des chevaux qui sont devers Babilone : qu'avez-vous à répondre là-dessus ? Le Phrygien remit sa réponse au lendemain ; & retourné qu'il fut au logis, il commanda à des enfans de prendre un chat, & de le mener fouettant par les rues. Les Egyptiens qui adorent cet animal, se trouverent extrêmement scandalisés du traitement que l'on lui faisoit. Ils l'arracherent des mains des enfans, & allerent se plaindre au Roi. On fit venir en sa présence le Phrygien. Ne sçavez-vous pas, lui dit le Roi, que cet animal est un de nos Dieux ? pourquoi donc le faites-vous traiter de la sorte ? C'est pour l'offense qu'il a commise envers Lycerus, reprit Ésope; car la nuit derniere il lui a étranglé un coq extrêmement courageux, & qui chantoit à toutes les heures. Vous êtes un menteur, repartit le Roi: comment seroit-il possible que ce chat eût fait en si peu de temps un si long voyage ?

Et comment est-il possible, reprit Ésope, que vos jumens entendent de si loin nos chevaux hannir, & conçoivent pour les entendre?

Ensuite de cela, le Roi fit venir d'Héliopolis certains personnages d'esprit subtil, & sçavans en questions énigmatiques. Il leur fit un grand régal, où le Phrygien fut invité. Pendant le repas, ils proposerent à Ésope diverses choses, celle-ci entr'autres : Il y a un grand temple qui est appuyé sur une colonne entourée de douze villes, chacune desquelles a trente arcboutans, & autour de ces arcboutans se promenent, l'une après l'autre, deux femmes, l'une blanche, & l'autre noire. Il faut renvoyer, dit Ésope, cette question aux petits enfans de notre pays. Le temple est le monde; la colonne, l'an; les villes, ce sont les mois; & les arcboutans, les jours, autour desquels se promenent alternativement le jour & la nuit.

Le lendemain Nectenabo assembla tous ses amis. Souffrirez-vous, leur dit-il, qu'une moitié d'homme, qu'un avorton soit la cause que Lycerus remporte le prix, & que j'aie la confusion pour mon partage? Un d'eux s'avisa de demander à Ésope qu'il leur fît des questions de choses dont ils n'eussent jamais entendu parler. Ésope écrivit une cédule, par laquelle Nectenabo confessoit de devoir deux mille talens à Lycerus. La cédule fut mise entre les mains de Nectenabo, toute cachetée. Avant qu'on l'ouvrît, les amis du Prince soûtinrent que la chose contenue dans cet écrit étoit de leur connoissance. Quand on l'eut ouverte, Nectenabo s'écria : voilà la plus grande fausseté du monde; je vous en prens à témoins tous tant que vous êtes. Il est vrai, repartirent-ils, que nous n'en avons jamais entendu parler. J'ai donc satisfait à votre demande, reprit Ésope. Nectenabo le renvoya comblé de présens, tant pour lui que pour son maître.

Le séjour qu'il fit en Egypte est peut-être cause que quelques-uns ont écrit qu'il fut esclave avec Rhodope, celle-là qui, des libéralités de ses amans, fit élever une des trois pyramides qui subsistent encore, & qu'on voit avec admiration : c'est la plus petite, mais celle qui est bâtie avec plus d'art.

Ésope, à son retour dans Babilone, fut reçu de Lycerus avec de grandes démonstrations de joie & de bienveillance : ce Roi lui fit ériger une statue. L'envie de voir & d'apprendre lui fit renoncer à tous ces honneurs. Il quitta la cour de Lycerus, où il avoit tous les avantages qu'on peut souhaiter, & prit congé de ce Prince pour voir la Grèce encore une fois. Lycerus ne le laissa pas partir sans embrassemens & sans larmes, & sans le faire promettre sur les autels qu'il reviendroit achever ses jours auprès de lui.

Entre les villes où il s'arrêta, Delphes fut une des principales. Les Delphiens l'écouterent fort volontiers, mais ils ne lui rendirent point d'honneurs. Ésope, piqué de ce mépris, les compara aux bâtons qui flotent sur l'onde : on s'imagine de loin que c'est quelque chose de considérable; de près on trouve que ce n'est rien. La comparaison lui coûta cher. Les Delphiens en conçurent une telle haine, & un si violent desir de vengeance, (outre qu'ils craignoient d'être décriés par lui) qu'ils résolurent de l'ôter du monde. Pour y parvenir, ils cacherent parmi ses hardes un de leurs vases sacrés, prétendant que par ce moyen ils convaincroient Ésope de vol & de sacrilége, & qu'ils le condamneroient à la mort.

Comme il fut sorti de Delphes, & qu'il eut pris le chemin de la Phocide, les Delphiens accoururent comme gens qui étoient en peine; ils l'accuserent d'avoir dérobé leur vase. Ésope le nia avec des sermens : on chercha dans son équipage, & il fut trouvé. Tout ce qu'Ésope put dire, n'empêcha point qu'on ne le traitât comme un criminel infâme. Il fut ramené à Delphes, chargé de fers, mis dans des cachots, puis condamné à être précipité. Rien ne lui servit de se défendre avec ses armes ordinaires, & de raconter des apologues : les Delphiens s'en moquerent.

La grenouille, leur dit-il, avoit invité le rat à la venir voir. Afin de lui faire traverser l'onde, elle l'attacha à son pied. Dès qu'il fut fur l'eau, elle voulut le tirer au fond, dans le deſſein de le noyer, & d'en faire enſuite un repas. Le malheureux rat réſiſta quelque peu de tems. Pendant qu'il ſe débattoit ſur l'eau, un oiſeau de proie l'apperçut, fondit ſur lui ; & l'ayant enlevé avec la grenouille qui ne ſe put détacher, il ſe reput de l'un & de l'autre. C'eſt ainſi, Delphiens abominables, qu'un plus puiſſant que nous me vengera : je périrai ; mais vous périrez auſſi.

Comme on le conduiſoit au ſupplice, il trouva moyen de s'échapper, & entra dans une petite chapelle dédiée à Appollon. Les Delphiens l'en arracherent. Vous violez cet aſyle, leur dit-il, parce que ce n'eſt qu'une petite chapelle ; mais un jour viendra que votre méchanceté ne trouvera point de retraite ſûre, non pas même dedans les temples. Il vous arrivera la même choſe qu'à l'aigle, laquelle, nonobſtant les priéres de l'eſcarbot, enleva un liévre qui s'étoit réfugié chez lui. La génération de l'aigle en fut punie juſques dans le giron de Jupiter. Les Delphiens peu touchés de tous ces exemples, le précipiterent.

Peu de tems après ſa mort, une peſte très-violente exerça ſur eux ſes ravages. Ils demanderent à l'Oracle par quels moyens ils pourroient appaiſer le courroux des Dieux. L'Oracle leur répondit, qu'il n'y en avoit point d'autre que d'expier leur forfait, & ſatisfaire aux manes d'Eſope. Auſſi-tôt une pyramide fut élevée. Les Dieux ne témoignerent pas ſeuls combien ce crime leur déplaiſoit ; les hommes vengerent auſſi la mort de leur ſage. La Gréce envoya des commiſſaires pour en informer, & en fit une punition rigoureuſe.

TABLE DES FABLES

CONTENUES DANS LE PREMIER VOLUME.

LIVRE PREMIER.

FABLE I. La Cigale & la Fourmi.	page 2
FABLE II. Le Corbeau & le Renard.	4
FABLE III. La Grenouille qui se veut faire aussi grosse que le Bœuf.	6
FABLE IV. Les deux Mulets.	8
FABLE V. Le Loup & le Chien.	9
FABLE VI. La Génisse, la Chèvre & la Brebis, en société avec le Lion.	12
FABLE VII. La Besace.	13
FABLE VIII. L'Hirondelle & les petits Oiseaux.	15
FABLE IX. Le Rat de ville & le Rat des champs.	18
FABLE X. Le Loup & l'Agneau.	20
FABLE XI. L'Homme & son image.	22
FABLE XII. Le Dragon à plusieurs têtes, & le Dragon à plusieurs queues.	24
FABLE XIII. Les Voleurs & l'Ane.	26
FABLE XIV. Simonide préservé par les Dieux.	27
FABLE XV. La Mort & le Malheureux.	30
FABLE XVI. La Mort & le Bucheron.	32
FABLE XVII. L'Homme entre deux âges, & ses deux Maîtresses.	33
FABLE XVIII. Le Renard & la Cicogne.	36
FABLE XIX. L'Enfant & le Maître d'Ecole.	38
FABLE XX. Le Coq & la perle.	40
FABLE XXI. Les Frêlons & les Mouches à miel.	41
FABLE XXII. Le Chêne & le Roseau.	43

LIVRE DEUXIÉME.

FABLE I. Contre ceux qui ont le goût difficile.	45
FABLE II. Conseil tenu par les Rats.	47
FABLE III. Le Loup plaidant contre le Renard pardevant le Singe.	50
FABLE IV. Les deux Taureaux & une Grenouille.	52
FABLE V. La Chauve-souris & les deux Belettes.	53
FABLE VI. L'Oiseau blessé d'une flèche.	56

TABLE DES FABLES.

FABLE VII. La Lice & sa compagne. 58
FABLE VIII. L'Aigle & l'Escarbot. 59
FABLE IX. Le Lion & le Moucheron. 61
FABLE X. L'Ane chargé d'éponges & l'Ane chargé de sel. 63
FABLE XI. Le Lion & le Rat. 66
FABLE XII. La Colombe & la Fourmi. 68
FABLE XIII. L'Astrologue qui se laisse tomber dans un puits. 69
FABLE XIV. Le Liévre & les Grenouilles. 71
FABLE XV. Le Coq & le Renard. 73
FABLE XVI. Le Corbeau voulant imiter l'Aigle. 76
FABLE XVII. Le Paon se plaignant à Junon. 78
FABLE XVIII. La Chatte métamorphosée en Femme. 79
FABLE XIX. Le Lion & l'Ane chassans. 82
FABLE XX. Testament expliqué par Esope. 84

LIVRE TROISIÉME.

FABLE I. Le Meunier, son Fils, & l'Ane. 88
FABLE II. Les membres & l'estomac. 91
FABLE III. Le Loup devenu Berger. 93
FABLE IV. Les Grenouilles qui demandent un roi. 95
FABLE V. Le Renard & le Bouc. 97
FABLE VI. L'Aigle, la Laye & la Chatte. 99
FABLE VII. L'Ivrogne & sa Femme. 102
FABLE VIII. La Goutte & l'Araignée. 103
FABLE IX. Le Loup & la Cicogne. 106
FABLE X. Le Lion abbatu par l'Homme. 108
FABLE XI. Le Renard & les raisins. 110
FABLE XII. Le Cygne & le Cuisinier. 112
FABLE XIII. Les Loups & les Brebis. 114
FABLE XIV. Le Lion devenu vieux. 116
FABLE XV. Philomele & Progné. 118
FABLE XVI. La Femme noyée. 119
FABLE XVII. La Belette entrée dans un grenier. 122
FABLE XVIII. Le Chat & un vieux Rat. 123

Fin de la Table du premier volume.

FABLES
CHOISIES.

A MONSEIGNEUR
LE DAUPHIN.

Je chante les Héros dont Esope est le pere,
Troupe de qui l'histoire, encor que mensongere,
Contient des vérités qui servent de leçons.
Tout parle en mon ouvrage, & même les poissons.
Ce qu'ils disent s'adresse à tous tant que nous sommes.
Je me sers d'Animaux pour instruire les Hommes.
Illustre Rejeton d'un Prince aimé des Cieux,
Sur qui le monde entier a maintenant les yeux,
Et qui, faisant fléchir les plus superbes têtes,
Comptera désormais ses jours par ses conquêtes,
Quelqu'autre te dira, d'une plus forte voix,
Les faits de tes ayeux, & les vertus des Rois.
Je vais t'entretenir de moindres aventures,
Te tracer, en ces vers, de légeres peintures;
Et si de t'agréer je n'emporte le prix,
J'aurai du moins l'honneur de l'avoir entrepris.

LIVRE PREMIER.

FABLE I.

La Cigale et la Fourmi.

La Cigale ayant chanté
    Tout l'été,
Se trouva fort dépourvûe
Quand la bise fut venue.
Pas un seul petit morceau
De mouche ou de vermisseau.
Elle alla crier famine
Chez la Fourmi sa voisine,
La priant de lui prêter
Quelque grain pour subsister
Jusqu'à la saison nouvelle.
Je vous pairai, lui dit-elle,
Avant l'Oût, foi d'animal,
Intérêt & principal.
La Fourmi n'est pas prêteuse:
C'est là son moindre défaut.
Que faisiez-vous au temps chaud?
Dit-elle à cette emprunteuse.
Nuit & jour à tout venant
Je chantois, ne vous déplaise.
Vous chantiez? J'en suis fort aise;
Hé bien, dansez maintenant.

LA CIGALE ET LA FOURMI. Fable I.

J.B. Oudry inv.   D. Sornique Sculp.

FABLE II.
LE CORBEAU
ET
LE RENARD.

FABLE II.

Le Corbeau et le Renard.

Maître Corbeau sur un arbre perché,
    Tenoit en son bec un fromage:
Maître Renard, par l'odeur alléché,
    Lui tint à peu près ce langage.
    Hé bon jour, Monsieur du Corbeau!
Que vous êtes joli! Que vous me semblez beau!
    Sans mentir, si votre ramage
    Se rapporte à votre plumage,
Vous êtes le phénix des hôtes de ces bois.
A ces mots, le Corbeau ne se sent pas de joie:
    Et pour montrer sa belle voix,
Il ouvre un large bec, laisse tomber sa proie.
Le Renard s'en saisit, & dit: mon bon Monsieur,
    Apprenez que tout flatteur
    Vit aux dépens de celui qui l'écoute:
Cette leçon vaut bien un fromage sans doute.
    Le Corbeau honteux & confus
Jura, mais un peu tard, qu'on ne l'y prendroit plus.

LE CORBEAU ET LE RENARD. Fable II.

FABLE III.
LA GRENOUILLE
QUI SE VEUT FAIRE
AUSSI GROSSE
QUE LE BŒUF.

FABLE III.

LA GRENOUILLE QUI SE VEUT FAIRE AUSSI GROSSE QUE LE BŒUF.

Une Grenouille vit un Bœuf,
Qui lui sembla de belle taille.
Elle qui n'étoit pas grosse en tout comme un œuf,
Envieuse s'étend, & s'enfle, & se travaille,
Pour égaler l'animal en grosseur,
Disant : regardez bien, ma sœur,
Est-ce assez? Dites-moi, n'y suis-je point encore?
Nenni. M'y voici donc? Point du tout. M'y voila?
Vous n'en approchez point. La chetive pécore
S'enfla si bien, qu'elle creva.

Le monde est plein de gens qui ne sont pas plus sages:
Tout bourgeois veut bâtir comme les grands seigneurs:
Tout petit prince a des ambassadeurs:
Tout marquis veut avoir des pages.

LA GRENOUILLE QUI SE VEUT FAIRE AUSSI GROSSE QUE LE BŒUF. Fable III.

FABLE IV.

LES DEUX MULETS.

FABLE IV.

Les deux Mulets.

Deux Mulets cheminoient, l'un d'avoine chargé,
    L'autre portant l'argent de la gabelle.
Celui-ci, glorieux d'une charge si belle,
N'eût voulu pour beaucoup en être soulagé.
        Il marchoit d'un pas relevé,
        Et faisoit sonner sa sonnette :
        Quand l'ennemi se présentant,
        Comme il en vouloit à l'argent,
Sur le Mulet du fisc une troupe se jette,
        Le saisit au frein & l'arrête.
        Le Mulet, en se défendant,
Se sent percer de coups, il gémit, il soupire.
Est-ce donc là, dit-il, ce qu'on m'avoit promis ?
Ce Mulet qui me suit, du danger se retire,
        Et moi j'y tombe & j'y péris.
        Ami, lui dit son camarade,
Il n'est pas toujours bon d'avoir un haut emploi :
Si tu n'avois servi qu'un meûnier, comme moi,
        Tu ne serois pas si malade.

LES DEUX MULETS, Fable IV.

LES DEUX MULETS. Fable IV. 2.me planche.

LE LOUP ET LE CHIEN. Fable V.

FABLE V.

Le Loup et le Chien.

Un Loup n'avoit que les os & la peau,
  Tant les chiens faisoient bonne garde :
Ce Loup rencontre un Dogue aussi puissant que beau,
Gras, poli, qui s'étoit fourvoyé par mégarde.
   L'attaquer, le mettre en quartiers,
   Sire Loup l'eût fait volontiers ;
   Mais il falloit livrer bataille ;
   Et le Mâtin étoit de taille
   A se défendre hardiment.
   Le Loup donc l'aborde humblement,
  Entre en propos, & lui fait compliment
   Sur son embonpoint qu'il admire.
   Il ne tiendra qu'à vous, beau sire,
D'être aussi gras que moi, lui repartit le Chien.
   Quittez les bois, vous ferez bien :
   Vos pareils y sont misérables,
   Cancres, hères & pauvres diables,
Dont la condition est de mourir de faim.
Car quoi ? rien d'assuré : point de franche lipée ;
   Tout à la pointe de l'épée.
Suivez-moi, vous aurez un bien meilleur destin.
  Le Loup reprit : que me faudra-t-il faire ?
Presque rien, dit le Chien, donner la chasse aux gens
   Portant bâtons, & mendians ;
Flatter ceux du logis, à son maître complaire :
   Moyennant quoi, votre salaire
Sera force reliefs de toutes les façons,
   Os de poulets, os de pigeons,
   Sans parler de mainte caresse.

Le Loup déja fe forge une félicité,
　　　Qui le fait pleurer de tendreffe.
Chemin faifant, il vit le col du Chien pelé :
Qu'eft-cela? lui dit-il. Rien. Quoi rien? Peu de chofe.
Mais encor? Le collier dont je fuis attaché,
De ce que vous voyez eft peut-être la caufe.
Attaché! dit le Loup : vous ne courez donc pas
　　　Où vous voulez? Pas toujours, mais qu'importe?
Il importe fi bien, que de tous vos repas
　　　Je ne veux en aucune forte;
Et ne voudrois pas même à ce prix un tréfor.
Cela dit, maître Loup s'enfuit, & court encor.

FABLE VI.
LA GÉNISSE,
LA CHÉVRE
ET LA BREBIS,
EN SOCIÉTÉ
AVEC
LE LION.

FABLE VI.

LA GÉNISSE, LA CHÉVRE ET LA BREBIS, EN SOCIÉTÉ AVEC LE LION.

La Géniffe, la Chévre, & leur fœur la Brebis,
Avec un fier Lion, feigneur du voifinage,
Firent fociété, dit-on, au temps jadis,
Et mirent en commun le gain & le dommage.
Dans les lacs de la Chévre un cerf fe trouva pris.
Vers fes affociés auffi-tôt elle envoie.
Eux venus, le Lion par fes ongles compta,
Et dit : nous fommes quatre à partager la proie ;
Puis, en autant de parts le cerf il dépeça :
Prit pour lui la premiere en qualité de fire :
Elle doit être à moi, dit-il ; & la raifon,
  C'eft que je m'appelle Lion :
  A cela l'on n'a rien à dire.
La feconde, par droit, me doit échoir encor :
Ce droit, vous le fçavez, c'eft le droit du plus fort.
Comme le plus vaillant je prétens la troifiéme.
Si quelqu'une de vous touche à la quatriéme,
  Je l'étranglerai tout d'abord.

LA GENISSE, LA CHEVRE ET LA BREBIS, EN SOCIETE AVEC LE LION. Fable VI.

LA BESACE. Fable VII

J.B. Oudry inv.   St. Fessard sculp.

FABLE VII.

LA BESACE.

Jupiter dit un jour: que tout ce qui respire
S'en vienne comparoître aux pieds de ma grandeur.
Si dans son composé quelqu'un trouve à redire,
  Il peut le déclarer sans peur:
  Je mettrai reméde à la chose.
Venez, singe, parlez le premier; & pour cause:
Voyez ces animaux; faites comparaison
  De leurs beautés avec les vôtres.
Etes-vous satisfait? moi, dit-il, pourquoi non?
N'ai-je pas quatre pieds aussi-bien que les autres?
Mon portrait, jusqu'ici, ne m'a rien reproché:
Mais pour mon frere l'ours on ne l'a qu'ébauché;
Jamais, s'il me veut croire, il ne se fera peindre.
L'ours venant là-dessus, on crut qu'il s'alloit plaindre.
Tant s'en faut, de sa forme il se loua très-fort,
Glosa sur l'éléphant, dit qu'on pourroit encor
Ajoûter à sa queue, ôter à ses oreilles,
Que c'étoit une masse informe & sans beauté.
  L'éléphant étant écouté,
Tout sage qu'il étoit, dit des choses pareilles.
  Il jugea qu'à son appétit,
  Dame baleine étoit trop grosse.
Dame fourmi trouva le ciron trop petit,
  Se croyant pour elle un colosse.
Jupin les renvoya s'étant censurés tous;
Du reste contens d'eux. Mais parmi les plus fous
Notre espéce excella; car tout ce que nous sommes,
Lynx envers nos pareils, & taupes envers nous,
Nous nous pardonnons tout, & rien aux autres hommes.
On se voit d'un autre œil qu'on ne voit son prochain.

Le Fabricateur souverain
Nous créa besaciers tous de même maniére,
Tant ceux du temps passé que du temps d'aujourd'hui.
Il fit pour nos défauts la poche de derriere,
Et celle de devant pour les défauts d'autrui.

L'HIRONDELLE ET LES PETITS OYSEAUX. Fable VIII

FABLE VIII.
L'Hirondelle et les petits Oiseaux.

Une Hirondelle en ses voyages
Avoit beaucoup appris. Quiconque a beaucoup vû,
  Peut avoir beaucoup retenu.
Celle-ci prévoyoit jusqu'aux moindres orages,
  Et, devant qu'ils fussent éclos,
  Les annonçoit aux matelots.
Il arriva qu'au temps que la chanvre se seme,
Elle vit un manant en couvrir maints sillons.
Ceci ne me plaît pas, dit-elle aux oisillons,
Je vous plains : car pour moi, dans ce péril extrême,
Je sçaurai m'éloigner, ou vivre en quelque coin.
Voyez-vous cette main qui par les airs chemine ?
  Un jour viendra, qui n'est pas loin,
Que ce qu'elle répand sera votre ruine.
De-là naîtront engins à vous envelopper,
  Et lacets pour vous attraper ;
  Enfin mainte & mainte machine,
  Qui causera dans la saison
  Votre mort ou votre prison ;
  Gare la cage ou le chaudron.
  C'est pourquoi, leur dit l'Hirondelle,
  Mangez ce grain, & croyez-moi.
  Les Oiseaux se moquerent d'elle :
  Ils trouvoient aux champs trop de quoi.
  Quand la chéneviere fut verte,
L'Hirondelle leur dit : arrachez brin à brin
  Ce qu'a produit ce maudit grain,
  Ou soyez sûrs de votre perte.
Prophéte de malheur, babillarde, dit-on,
  Le bel emploi que tu nous donnes !

Il nous faudroit mille perfonnes
Pour éplucher tout ce canton.
La chanvre étant tout-à-fait crûe,
L'Hirondelle ajoûta : ceci ne va pas bien,
Mauvaife graine eft tôt venue.
Mais puifque jufqu'ici l'on ne m'a crue en rien,
Dès que vous verrez que la terre
Sera couverte, & qu'à leurs bleds
Les gens n'étant plus occupés,
Feront aux Oifillons la guerre,
Quand reginglettes & réfeaux
Attraperont petits Oifeaux,
Ne volez plus de place en place;
Demeurez au logis, ou changez de climat :
Imitez le canard, la grue & la bécaffe.
Mais vous n'êtes pas en état
De paffer, comme nous, les déferts & les ondes,
Ni d'aller chercher d'autres mondes :
C'eft pourquoi vous n'avez qu'un parti qui foit fûr,
C'eft de vous renfermer aux trous de quelque mur.
Les Oifillons, las de l'entendre,
Se mirent à jafer auffi confufément,
Que faifoient les Troyens, quand la pauvre Caffandre
Ouvroit la bouche feulement.
Il en prit aux uns comme aux autres.
Maint Oifillon fe vit efclave retenu.

Nous n'écoutons d'inftinéts que ceux qui font les nôtres,
Et ne croyons le mal que quand il eft venu.

FABLE IX.

LE RAT DE VILLE

ET

LE RAT DES CHAMPS.

FABLE IX.

Le Rat de ville et le Rat des champs.

Autrefois le Rat de ville
Invita le Rat des champs,
D'une façon fort civile,
A des reliefs d'ortolans.

Sur un tapis de Turquie
Le couvert se trouva mis.
Je laisse à penser la vie
Que firent ces deux amis.

Le régal fut fort honnête,
Rien ne manquoit au festin:
Mais quelqu'un troubla la fête
Pendant qu'ils étoient en train.

A la porte de la sale
Ils entendirent du bruit.
Le Rat de ville détale,
Son camarade le suit.

Le bruit cesse, on se retire:
Rats en campagne aussi-tôt:
Et le citadin de dire,
Achevons tout notre rôt.

C'est assez, dit le rustique:
Demain vous viendrez chez moi.
Ce n'est pas que je me pique
De tous vos festins de roi.

Mais rien ne vient m'interrompre:
Je mange tout à loisir.
Adieu donc, fi du plaisir
Que la crainte peut corrompre.

LE RAT DE VILLE ET LE RAT DES CHAMPS. Fable IX.

FABLE X.
LE LOUP
ET
L'AGNEAU.

FABLE X.

Le Loup et l'Agneau.

La raifon du plus fort eft toujours la meilleure,
Nous l'allons montrer tout à l'heure.
Un Agneau fe défaltéroit
Dans le courant d'une onde pure.
Un Loup furvient à jeun, qui cherchoit aventure,
Et que la faim en ces lieux attiroit.
Qui te rend fi hardi de troubler mon breuvage?
Dit cet animal plein de rage.
Tu feras châtié de ta témérité.
Sire, répond l'Agneau, que votre majefté
Ne fe mette pas en colere,
Mais plutôt qu'elle confidere
Que je me vas défaltérant
Dans le courant,
Plus de vingt pas au deffous d'elle ;
Et que par conféquent, en aucune façon,
Je ne puis troubler fa boiffon.
Tu la troubles, reprit cette bête cruelle ;
Et je fçai que de moi tu médis l'an paffé.
Comment l'aurois-je fait fi je n'étois pas né?
Reprit l'Agneau, je téte encor ma mere.
Si ce n'eft toi, c'eft donc ton frere.
Je n'en ai point. C'eft donc quelqu'un des tiens ;
Car vous ne m'épargnez guère,
Vous, vos bergers & vos chiens.
On me l'a dit: il faut que je me venge.
Là-deffus, au fond des forêts
Le Loup l'emporte, & puis le mange,
Sans autre forme de procès.

LE LOUP ET L'AGNEAU, Fable X.

FABLE XI.
L'HOMME
ET
SON IMAGE.

FABLE XI.

L'Homme et son Image.

Pour M. le Duc de la Rochefoucault.

Un Homme, qui s'aimoit sans avoir de rivaux,
Passoit dans son esprit pour le plus beau du monde.
Il accusoit toujours les miroirs d'être faux,
Vivant plus que content dans son erreur profonde.
Afin de le guérir, le sort officieux
   Présentoit par-tout à ses yeux
Les conseillers muets dont se servent nos dames.
Miroirs dans les logis, miroirs chez les marchands,
   Miroirs aux poches des galans,
   Miroirs aux ceintures des femmes.
Que fait notre Narcisse? il se va confiner
Aux lieux les plus cachés qu'il peut s'imaginer,
N'osant plus des miroirs éprouver l'aventure.
Mais un canal, formé par une source pure,
   Se trouve en ces lieux écartés :
Il s'y voit, il se fâche, & ses yeux irrités
Pensent appercevoir une chimere vaine.
Il fait tout ce qu'il peut pour éviter cette eau.
   Mais quoi ! le canal est si beau,
   Qu'il ne le quitte qu'avec peine.

   On voit bien où je veux venir.
  Je parle à tous ; & cette erreur extrême
Est un mal que chacun se plaît d'entretenir.
Notre ame, c'est cet homme amoureux de lui-même :
Tant de miroirs, ce sont les sottises d'autrui,
Miroirs, de nos défauts les peintres légitimes.
   Et quant au canal, c'est celui
  Que chacun sçait, le livre des maximes.

L'HOMME ET SON IMAGE POUR M. LE DUC DE LA ROCHEFOUCAULT. Fable XI.

J.B. Oudry inv.   J.S. Flipart Sculp.

FABLE XII.
LE DRAGON
A PLUSIEURS TÊTES,
ET LE DRAGON
A PLUSIEURS QUEUES.

FABLE XII.

LE DRAGON A PLUSIEURS TÊTES, ET LE DRAGON A PLUSIEURS QUEUES.

Un envoyé du Grand Seigneur,
Préféroit, dit l'histoire, un jour chez l'Empereur,
Les forces de son maître à celles de l'Empire.
    Un Allemand se mit à dire :
    Notre Prince a des dépendans
    Qui, de leur chef, sont si puissans,
Que chacun d'eux pourroit soudoyer une armée.
    Le Chiaoux, homme de sens,
    Lui dit : je sçai par renommée,
Ce que chaque Électeur peut de monde fournir ;
    Et cela me fait souvenir
D'une aventure étrange, & qui pourtant est vraie.

J'étois en un lieu sûr, lorsque je vis passer
Les cent têtes d'une Hydre au travers d'une haie.
    Mon sang commence à se glacer ;
    Et je crois qu'à moins on s'effraie.
Je n'en eus toutefois que la peur sans le mal.
    Jamais le corps de l'animal
Ne put venir vers moi, ni trouver d'ouverture.
    Je rêvois à cette aventure,
Quand un autre Dragon qui n'avoit qu'un seul chef,
Et bien plus d'une queue, à passer se présente.
    Me voilà saisi derechef
    D'étonnement & d'épouvante.
Ce chef passe, & le corps, & chaque queue aussi ;
Rien ne les empêcha, l'un fit chemin à l'autre.
    Je soutiens qu'il en est ainsi
    De votre Empereur & du nôtre.

LE DRAGON A PLUSIEURS TÊTES, ET LE DRAGON A PLUSIEURS QUEUES. Fable XII.

J.B. Oudry inv. C.N. Cochin p. aqua forti, N. Beauvois cælo, sculpserunt.

J.B.Oudry del. C.O.Gallimard sculp.

FABLE XIII.
LES VOLEURS ET L'ÂNE.

FABLE XIII.

Les Voleurs et l'Âne.

Pour un Âne enlevé deux Voleurs fe battoient :
L'un vouloit le garder, l'autre le vouloit vendre.
   Tandis que coups de poings trotoient,
Et que nos champions fongeoient à fe défendre,
   Arrive un troifiéme larron,
   Qui faifit maître Aliboron.

L'âne, c'eft quelquefois une pauvre province.
  Les voleurs font tel & tel prince,
Comme le Tranfilvain, le Turc & le Hongrois :
  Au lieu de deux j'en ai rencontré trois.
  Il eft affez de cette marchandife.
De nul d'eux n'eft fouvent la province conquife.
Un quart voleur furvient, qui les accorde net,
  En fe faififfant du baudet.

LES VOLEURS ET L'ÂNE. Fable XIII.

J.B. Oudry inv. P.F. Tardieu sculp.

SIMONIDE PRESERVÉ PAR LES DIEUX. Fable XIV.

FABLE XIV.

SIMONIDE PRÉSERVÉ PAR LES DIEUX.

On ne peut trop louer trois fortes de perfonnes,
  Les Dieux, fa Maîtreffe & fon Roi.
Malherbe le difoit : j'y foufcris quant à moi :
  Ce font maximes toujours bonnes.
La louange chatouille & gagne les efprits.
Les faveurs d'une belle en font fouvent le prix.
Voyons comme les Dieux l'ont quelquefois payée.

  Simonide avoit entrepris
L'éloge d'un athlete ; &, la chofe effayée,
Il trouva fon fujet plein de récits tout nus.
Les parens de l'athlete étoient gens inconnus,
Son pere un bon bourgeois, lui fans autre mérite :
  Matiere infertile & petite.
Le poëte d'abord, parla de fon héros.
Après en avoir dit ce qu'il en pouvoit dire,
Il fe jette à côté, fe met fûr le propos
De Caftor & Pollux, ne manque pas d'écrire
Que leur exemple étoit aux luteurs glorieux ;
Éleve leurs combats, fpécifiant les lieux
Où ces freres s'étoient fignalés davantage.
  Enfin, l'éloge de ces dieux
  Faifoit les deux tiers de l'ouvrage.
L'athlete avoit promis d'en payer un talent ;
  Mais quand il le vit, le galant
N'en donna que le tiers ; & dit fort franchement
Que Caftor & Pollux acquitaffent le refte.
Faites-vous contenter par ce couple célefte.
  Je vous veux traiter cependant :
Venez fouper chez moi : nous ferons bonne vie.

Les conviés sont gens choisis,
Mes parens, mes meilleurs amis.
Soyez donc de la compagnie.
Simonide promit. Peut-être qu'il eût peur
De perdre, outre son dû, le gré de sa louange.
Il vient, l'on festine, l'on mange.
Chacun étant en belle humeur,
Un domestique accourt, l'avertit qu'à la porte
Deux hommes demandoient à le voir promptement.
Il sort de table, & la cohorte
N'en perd pas un seul coup de dent.
Ces deux hommes étoient les gémeaux de l'éloge.
Tous deux lui rendent grace, & pour prix de ses vers,
Ils l'avertissent qu'il déloge,
Et que cette maison va tomber à l'envers.
La prédiction en fut vraie.
Un pilier manque, & le plafond
Ne trouvant plus rien qui l'étaie,
Tombe sur le festin, brise plats & flacons,
N'en fait pas moins aux échansons.
Ce ne fut pas le pis : car pour rendre complette
La vengeance dûe au poëte,
Une poutre cassa les jambes à l'athlete,
Et renvoya les conviés
Pour la plûpart estropiés.
La renommée eut soin de publier l'affaire.
Chacun cria miracle ; on doubla le salaire
Que méritoient les vers d'un homme aimé des Dieux.
Il n'étoit fils de bonne mere,
Qui, les payant à qui mieux mieux,
Pour ses ancêtres n'en fît faire.

Je reviens à mon texte ; & dis premiérement,
Qu'on ne sçauroit manquer de louer largement
Les Dieux & leurs pareils : de plus, que Melpoméne

Souvent, sans déroger, trafique de sa peine:
Enfin, qu'on doit tenir notre art à quelque prix.
Les grands se font honneur dès lors qu'ils nous font grace.
>Jadis l'Olympe & le Parnasse
>Etoient freres & bons amis.

FABLE XV.

La Mort et le Malheureux.

Un Malheureux appelloit tous les jours
    La Mort à son secours.
O Mort, lui disoit-il, que tu me sembles belle !
Viens vîte, viens finir ma fortune cruelle.
La Mort crut, en venant, l'obliger en effet.
Elle frappe à sa porte, elle entre, elle se montre.
Que vois-je ! cria-t-il, ôtez-moi cet objet ;
    Qu'il est hideux ! que sa rencontre
    Me cause d'horreur & d'effroi !
N'approche pas, ô Mort, ô Mort, retires-toi.

    Mécénas fut un galant homme :
Il a dit quelque part, qu'on me rende impotent,
    Cul de jatte, gouteux, manchot ; pourvu qu'en somme
Je vive, c'est assez, je suis plus que content.
Ne viens jamais, ô Mort, on t'en dit tout autant.

Ce sujet a été traité d'une autre façon par Esope, comme la Fable suivante le fera voir. Je composai celle-ci pour une raison qui me contraignoit de rendre la chose ainsi générale. Mais quelqu'un me fit connoître que j'eusse beaucoup mieux fait de suivre mon original, & que je laissois passer un des plus beaux traits qui fut dans Esope. Cela m'obligea d'y avoir recours. Nous ne sçaurions aller plus avant que les Anciens : ils ne nous ont laissé pour notre part que la gloire de les bien suivre. Je joins toutefois ma Fable à celle d'Esope, non que la mienne le mérite, mais à cause du mot de Mécénas que j'y fais entrer, & qui est si beau & si à propos, que je n'ai pas crû le devoir omettre.

LA MORT ET LE MALHEUREUX. Fable XV.

FABLE XVI.
LA MORT
ET
LE BUCHERON.

FABLE XVI.

La Mort et le Bucheron.

Un pauvre Bucheron tout couvert de ramée,
Sous le faix du fagot auffi-bien que des ans,
Gémiffant & courbé marchoit à pas pefans,
Et tâchoit de gagner fa chaumine enfumée.
Enfin, n'en pouvant plus d'effort & de douleur,
Il met bas fon fagot, il fonge à fon malheur.
Quel plaifir a-t-il eu depuis qu'il eft au monde?
En eft-il un plus pauvre en la machine ronde?
Point de pain quelquefois, & jamais de repos.
Sa femme, fes enfans, les foldats, les impots,
   Le créancier & la corvée,
Lui font d'un malheureux la peinture achevée.
Il appelle la Mort; elle vient fans tarder:
   Lui demande ce qu'il faut faire.
   C'eft, dit-il, afin de m'aider
A recharger ce bois, tu ne tarderas guére.
    Le trépas vient tout guérir,
    Mais ne bougeons d'où nous fommes.
    Plutôt fouffrir que mourir,
    C'eft la devife des hommes.

L'HOMME ENTRE DEUX ÂGES, ET SES DEUX MAÎTRESSES. Fable XVII.

FABLE XVII.

L'Homme entre deux âges et ses deux Maîtresses.

Un homme de moyen âge,
Et tirant fur le grifon,
Jugea qu'il étoit faifon
De fonger au mariage.
Il avoit du comptant,
Et partant
De quoi choifir. Toutes vouloient lui plaire :
En quoi notre amoureux ne fe preffoit pas tant.
Bien adreffer n'eft pas une petite affaire.
Deux veuves fur fon cœur eurent le plus de part :
L'une encor verte; & l'autre un peu bien mûre,
Mais qui réparoit par fon art
Ce qu'avoit détruit la nature.
Ces deux veuves en badinant,
En riant, en lui faifant fête,
L'alloient quelquefois teftonnant,
C'eft-à-dire, ajuftant fa tête.
La vieille à tout moment de fa part emportoit
Un peu du poil noir qui reftoit,
Afin que fon amant en fut plus à fa guife.
La jeune faccageoit les poils blancs à fon tour.
Toutes deux firent tant que notre tête grife
Demeura fans cheveux, & fe douta du tour.
Je vous rends, leur dit-il, mille graces, les belles,
Qui m'avez fi bien tondu :
J'ai plus gagné que perdu;
Car d'hymen point de nouvelles.

Celle que je prendrois voudroit qu'à fa façon
  Je vécuffe, & non à la mienne.
  Il n'eft tête chauve qui tienne :
Je vous fuis obligé, belles, de la leçon.

FABLE XVIII.

LE RENARD
ET
LA CICOGNE.

FABLE XVIII.

Le Renard et la Cicogne.

Compere le Renard se mit un jour en frais,
Et retint à dîner commere la Cicogne.
Le régal fut petit, & sans beaucoup d'apprêts.
  Le galant, pour toute besogne,
Avoit un brouet clair, (il vivoit chichement)
Ce brouet fut par lui servi sur une assiette.
La Cicogne au long bec n'en put attraper miette;
Et le drôle eut lapé le tout en un moment.
  Pour se venger de cette tromperie,
A quelque temps de là, la Cicogne le prie.
Volontiers, lui dit-il, car avec mes amis
  Je ne fais point cérémonie.
  A l'heure dite, il courut au logis
   De la Cicogne son hôtesse,
   Loua très-fort sa politesse,
   Trouva le dîner cuit à point.
Bon appétit surtout, Renards n'en manquent point:
Il se réjouissoit à l'odeur de la viande
Mise en menus morceaux, & qu'il croyoit friande.
  On servit, pour l'embarrasser,
En un vase à long col, & d'étroite embouchure.
Le bec de la Cicogne y pouvoit bien passer,
Mais le museau du sire étoit d'autre mesure,
Il lui fallut à jeun retourner au logis,
Honteux comme un Renard qu'une Poule auroit pris,
  Serrant la queue, & portant bas l'oreille.

  Trompeurs, c'est pour vous que j'écris,
  Attendez-vous à la pareille.

LE RENARD ET LA CICOGNE. Fable XVIII.

LE RENARD ET LA CICOGNE. Fable XVIIIe Pl.

FABLE XIX.
L'ENFANT
ET
LE MAÎTRE D'ÉCOLE.

FABLE XIX.

L'Enfant et le Maître d'École.

Dans ce récit je prétens faire voir
D'un certain fot la remontrance vaine.

Un jeune enfant dans l'eau fe laiffa cheoir,
En badinant fur les bords de la Seine.
Le Ciel permit qu'un faule fe trouva,
Dont le branchage, après Dieu, le fauva.
S'étant pris, dis-je, aux branches de ce faule;
Par cet endroit paffe un Maître d'École.
L'enfant lui crie, au fecours, je péris.
Le Magifter fe tournant à fes cris,
D'un ton fort grave à contre-temps s'avife
De le tancer. Ah le petit babouin !
Voyez, dit-il, où l'a mis fa fotife !
Et puis, prenez de tels fripons le foin.
Que les parens font malheureux, qu'il faille
Toujours veiller à femblable canaille !
Qu'ils ont de maux ! & que je plains leur fort !
Ayant tout dit, il mit l'enfant à bord.

Je blâme ici plus de gens qu'on ne penfe.
Tout babillard, tout cenfeur, tout pédant,
Se peut connoître au difcours que j'avance.
Chacun des trois fait un peuple fort grand :
Le Créateur en a béni l'engeance.
En toute affaire, ils ne font que fonger
    Au moyen d'exercer leur langue.
Hé, mon ami, tire-moi du danger,
    Tu feras après ta harangue.

L'ENFANT ET LE MAÎTRE D'ÉCOLE. Fable XIX.

FABLE XX.
LE COQ
ET
LA PERLE.

FABLE XX.

LE COQ ET LA PERLE.

Un jour un Coq détourna
Une perle qu'il donna
Au beau premier Lapidaire.
Je la crois fine, dit-il,
Mais le moindre grain de mil
Seroit bien mieux mon affaire.

Un ignorant hérita
D'un manuscrit, qu'il porta
Chez son voisin le Libraire.
Je crois, dit-il, qu'il est bon,
Mais le moindre ducaton
Seroit bien mieux mon affaire.

LE COQ ET LA PERLE. Fable XX.

LES FRELONS ET LES MOUCHES A MIEL. Fable XXI.

FABLE XXI.

Les Frêlons et les Mouches a miel.

A l'œuvre on connoît l'artisan.

Quelques rayons de miel sans maître se trouverent :
   Des Frêlons les réclamerent.
   Des Abeilles s'opposant,
Devant certaine Guêpe on traduisit la cause.
Il étoit mal-aisé de décider la chose.
Les témoins déposoient qu'autour de ces rayons,
Des animaux aîlés, bourdonnans, un peu longs,
De couleur fort tannée, & tels que les Abeilles,
Avoient long-temps paru. Mais quoi ! Dans les Frêlons
   Ces enseignes étoient pareilles.
La Guêpe ne sachant que dire à ces raisons,
Fit enquête nouvelle ; &, pour plus de lumiére,
   Entendit une fourmilliére.
   Le point n'en put être éclairci.
   De grace, à quoi bon tout ceci ?
   Dit une Abeille fort prudente ;
Depuis tantôt six mois que la cause est pendante,
   Nous voici comme aux premiers jours.
   Pendant cela le miel se gâte.
Il est temps désormais que le Juge se hâte.
   N'a-t-il point assez léché l'Ours ?
Sans tant de contredits & d'interlocutoires,
   Et de fatras, & de grimoires,
   Travaillons, les Frêlons & nous :
On verra qui sçait faire, avec un suc si doux,
   Des cellules si bien bâties.
   Le refus des Frêlons fit voir

Que cet art paſſoit leur ſçavoir;
Et la Guêpe adjugea le miel à leurs parties.

Plût à Dieu qu'on réglât ainſi tous les procès!
Que des Turcs en cela l'on ſuivît la méthode!
Le ſimple ſens commun nous tiendroit lieu de Code:
  Il ne faudroit point tant de frais.
   Au lieu qu'on nous mange, on nous gruge,
   On nous mine par des longueurs.
On fait tant à la fin que l'huître eſt pour le Juge,
  Les écailles pour les plaideurs.

LE CHENE ET LE ROSEAU. Fable XXII.

FABLE XXII.

Le Chêne et le Roseau.

Le Chêne un jour dit au Roseau:
Vous avez bien sujet d'accuser la Nature;
Un Roitelet pour vous est un pesant fardeau.
  Le moindre vent qui d'aventure
  Fait rider la face de l'eau,
  Vous oblige à baisser la tête:
Cependant que mon front, au Caucase pareil,
Non content d'arrêter les rayons du Soleil,
  Brave l'effort de la tempête.
Tout vous est aquilon, tout me semble zéphir.
Encor si vous naissiez à l'abri du feuillage
  Dont je couvre le voisinage,
  Vous n'auriez pas tant à souffrir,
  Je vous défendrois de l'orage.
  Mais vous naissez le plus souvent
Sur les humides bords des royaumes du vent.
La Nature envers vous me semble bien injuste.
Votre compassion, lui répondit l'arbuste,
Part d'un bon naturel; mais quittez ce souci:
  Les vents me sont moins qu'à vous redoutables.
Je plie, & ne romps pas. Vous avez jusqu'ici
  Contre leurs coups épouvantables
  Résisté sans courber le dos:
Mais attendons la fin. Comme il disoit ces mots,
Du bout de l'horizon accourt avec furie
  Le plus terrible des enfans
Que le nord eût porté jusque-là dans ses flancs.
  L'Arbre tient bon; le Roseau plie:

44　FABLES CHOISIES.

Le vent redouble ſes efforts,
Et fait ſi bien qu'il déracine
Celui de qui la tête au ciel étoit voiſine,
Et dont les pieds touchoient à l'empire des morts.

Fin du premier Livre.

CONTRE CEUX QUI ONT LE GOUT DIFFICILE. Fable XXIII.

FABLES CHOISIES.
LIVRE SECOND.

FABLE I.

Contre ceux qui ont le goût difficile.

Quand j'aurois en naissant reçu de Calliope
Les dons qu'à ses Amans cette Muse a promis,
Je les consacrerois aux mensonges d'Ésope:
Le mensonge & les vers de tout temps sont amis.
Mais je ne me crois pas si chéri du Parnasse
Que de sçavoir orner toutes ces fictions;
On peut donner du lustre à leurs inventions:
On le peut, je l'essaie; un plus sçavant le fasse.
Cependant jusqu'ici d'un langage nouveau
J'ai fait parler le loup & répondre l'agneau:
J'ai passé plus avant, les arbres & les plantes
Sont devenus chez moi créatures parlantes.
Qui ne prendroit ceci pour un enchantement?
   Vraiment me diront nos critiques,
   Vous parlez magnifiquement
   De cinq ou six contes d'enfant.
Censeurs, en voulez-vous qui soient plus autentiques
Et d'un style plus haut? En voici. Les Troyens,
Après dix ans de guerre autour de leurs murailles,
Avoient lassé les Grecs, qui, par mille moyens,
   Par mille assauts, par cent batailles,
N'avoient pû mettre à bout cette fiére Cité:
Quand un cheval de bois, par Minerve inventé,

D'un rare & nouvel artifice,
Dans ſes énormes flancs reçut le ſage Ulyſſe,
Le vaillant Diomede, Ajax l'impétueux,
  Que ce coloſſe monſtrueux
Avec leurs eſcadrons devoit porter dans Troye,
Livrant à leur fureur ſes Dieux mêmes en proie :
Stratagême inoui, qui des fabricateurs
  Paya la conſtance & la peine.
C'eſt aſſez, me dira quelqu'un de nos auteurs,
La période eſt longue, il faut reprendre haleine.
  Et puis, votre cheval de bois,
  Vos héros avec leurs phalanges,
  Ce ſont des contes plus étranges,
Qu'un renard qui cajole un corbeau ſur ſa voix.
De plus, il vous ſied mal d'écrire en ſi haut ſtyle.
Et bien, baiſſons d'un ton. La jalouſe Amarille
Songeoit à ſon Alcipe, & croyoit de ſes ſoins
N'avoir que ſes moutons & ſon chien pour témoins.
Tircis qui l'aperçut, ſe gliſſe entre des ſaules ;
Il entend la bergère adreſſant ces paroles
  Au doux zéphir, & le priant
  De les porter à ſon amant.
  Je vous arrête à cette rime,
  Dira mon cenſeur à l'inſtant :
  Je ne la tiens pas légitime,
  Ni d'une aſſez grande vertu.
Remettez, pour le mieux, ces deux vers à la fonte.
  Maudit cenſeur, te tairas-tu ?
  Ne ſçaurois-je achever mon conte ?
  C'eſt un deſſein très-dangereux
  Que d'entreprendre de te plaire.
  Les délicats ſont malheureux :
  Rien ne ſçauroit les ſatisfaire.

(Fable XXIII.)

CONSEIL TENU PAR LES RATS. Fable XXIV.

FABLE II.
Conseil tenu par les Rats.

Un Chat nommé Rodilardus,
Faifoit de Rats telle déconfiture,
Que l'on n'en voyoit prefque plus,
Tant il en avoit mis dedans la fépulture.
Le peu qu'il en reftoit n'ofant quitter fon trou,
Ne trouvoit à manger que le quart de fon fou;
Et Rodilard paffoit, chez la gent miférable,
Non pour un Chat, mais pour un diable.
Or un jour qu'au haut & au loin
Le galant alla chercher femme,
Pendant tout le fabbat qu'il fit avec fa dame,
Le demeurant des Rats tint chapitre en un coin
Sur la néceffité préfente.
Dès l'abord, leur doyen, perfonne très-prudente,
Opina qu'il falloit, & plutôt que plus tard,
Attacher un grelot au cou de Rodilard;
Qu'ainfi, quand il iroit en guerre,
De fa marche avertis ils s'enfuiroient fous terre;
Qu'il n'y fçavoit que ce moyen.
Chacun fut de l'avis de monfieur le doyen.
Chofe ne leur parut à tous plus falutaire;
La difficulté fut d'attacher le grelot.
L'un dit: je n'y vas point, je ne fuis pas fi fot:
L'autre: je ne fçaurois. Si bien que fans rien faire
On fe quitta. J'ai maints chapitres vûs,
Qui pour néant fe font ainfi tenus;
Chapitres, non de Rats, mais chapitres de Moines;
Voire chapitres de Chanoines.

Ne faut-il que délibérer ?
La Cour en Conseillers foisonne.
Est-il besoin d'exécuter ?
L'on ne rencontre plus personne.

(Fable XXIV.)

FABLE III.
LE LOUP
PLAIDANT
CONTRE LE RENARD,
PARDEVANT
LE SINGE.

FABLE III.

LE LOUP PLAIDANT CONTRE LE RENARD,
PARDEVANT LE SINGE.

Un Loup difoit que l'on l'avoit volé.
Un Renard, son voisin, d'assez mauvaise vie,
Pour ce prétendu vol par lui fut appellé.
   Devant le Singe il fut plaidé,
Non point par Avocats, mais par chaque partie.
   Thémis n'avoit point travaillé,
De mémoire de Singe, à fait plus embrouillé.
Le Magistrat suoit en son lit de justice.
   Après qu'on eut bien contesté,
   Repliqué, crié, tempêté;
   Le Juge, instruit de leur malice,
Leur dit : je vous connois de long-temps, mes amis,
   Et tous deux vous pairez l'amende :
Car toi, Loup, tu te plains, quoiqu'on ne t'ait rien pris,
Et toi, Renard, as pris ce que l'on te demande.
Le Juge prétendoit, qu'à tort & à travers,
On ne sçauroit manquer, condamnant un pervers.

Quelques personnes de bon sens ont cru que l'impossibilité & la contradiction qui est dans le jugement de ce Singe, étoit une chose à censurer; mais je ne m'en suis servi qu'après Phédre. C'est en cela que consiste le bon mot, selon mon avis.

(*Fable* XXV.)

LE LOUP PLAIDANT CONTRE LE RENARD PARDEVANT LE SINGE. Fable XXVI.

FABLE IV.
LES
DEUX TAUREAUX
ET
UNE GRENOUILLE.

FABLE IV.
Les deux Taureaux et une Grenouille.

Deux Taureaux combattoient à qui posséderoit
    Une Génisse avec l'empire.
    Une Grenouille en soupiroit.
    Qu'avez-vous ? se mit à lui dire
    Quelqu'un du peuple croassant.
    Et ne voyez-vous pas, dit-elle,
    Que la fin de cette querelle
Sera l'exil de l'un ; que l'autre le chassant,
Le fera renoncer aux campagnes fleuries ?
Il ne régnera plus sur l'herbe des prairies,
Viendra dans nos marais régner sur les roseaux ;
Et nous foulant aux pieds jusques au fond des eaux,
Tantôt l'une, & puis l'autre ; il faudra qu'on pâtisse
Du combat qu'a causé madame la Génisse.
    Cette crainte étoit de bon sens.
    L'un des Taureaux en leur demeure
    S'alla cacher à leurs dépens,
    Il en écrasoit vingt par heure.
    Hélas ! On voit que de tout temps
Les petits ont pâti des sottises des grands.

(*Fable XXVI.*)

LES DEUX TAUREAUX ET UNE GRENOUILLE. Fable XXVI.

LA CHAUVESOURIS ET LES DEUX BELETTES. Fable XXVII

J.B. Oudry inv. P.Q. Chedel sculp.

FABLE V.

La Chauve-souris et les deux Belettes.

Une Chauve-souris donna tête baissée,
Dans un nid de Belette : & si-tôt qu'elle y fut,
L'autre, envers les Souris de long-temps courroucée,
  Pour la dévorer accourut.
Quoi? vous osez, dit-elle, à mes yeux vous produire,
Après que votre race a tâché de me nuire?
N'êtes-vous pas Souris? Parlez sans fiction.
Oui, vous l'êtes, ou bien je ne suis pas Belette.
  Pardonnez-moi, dit la pauvrette,
  Ce n'est pas ma profession.
Moi Souris! Des méchans vous ont dit ces nouvelles :
  Grace à l'Auteur de l'univers,
  Je suis oiseau : voyez mes aîles :
  Vive la gent qui fend les airs.
  Sa raison plut, & sembla bonne.
  Elle fait si bien, qu'on lui donne
  Liberté de se retirer.
  Deux jours après, notre étourdie
  Aveuglément se va fourrer
Chez une autre Belette aux oiseaux ennemie.
La voilà derechef en danger de sa vie.
La dame du logis, avec son long museau,
S'en alloit la croquer en qualité d'oiseau,
Quand elle protesta qu'on lui faisoit outrage.
Moi, pour telle passer! Vous n'y regardez pas.
  Qui fait l'oiseau? c'est le plumage.
  Je suis Souris : vive les Rats ;
  Jupiter confonde les Chats.

FABLES CHOISIES.

Par cette adroite repartie
Elle fauva deux fois fa vie.

Plufieurs fe font trouvés qui d'écharpe changeans,
Aux dangers, ainfi qu'elle, ont fouvent fait la figue.
Le Sage dit, felon les gens,
Vive le Roi, vive la Ligue.

(*Fable XXVII.*)

FABLE VI.
L'OISEAU
BLESSÉ
D'UNE FLÉCHE.

FABLE VI.

L'Oiseau blessé d'une fléche.

Mortellement atteint d'une fléche empennée,
Un Oiseau déploroit sa triste destinée;
Et disoit en souffrant un surcroît de douleur,
Faut-il contribuer à son propre malheur?
   Cruels humains, vous tirez de nos aîles
De quoi faire voler ces machines mortelles.
Mais ne vous moquez point, engeance sans pitié:
Souvent il vous arrive un sort comme le nôtre.
Des enfans de Japet toujours une moitié
   Fournira des armes à l'autre.

(*Fable* XXVIII.)

L'OISEAU BLESSÉ D'UNE FLECHE. Fable XXVIII.

FABLE VII.
LA LICE
ET
SA COMPAGNE.

FABLE VII.
La Lice et sa Compagne.

Une Lice étant sur son terme,
Et ne sçachant où mettre un fardeau si pesant,
Fait si bien qu'à la fin sa Compagne consent
De lui prêter sa hute, où la Lice s'enferme.
Au bout de quelque temps sa Compagne revient.
La Lice lui demande encore une quinzaine :
Ses petits ne marchoient, disoit-elle, qu'à peine.
   Pour faire court, elle l'obtient.
Ce second terme échû, l'autre lui redemande
   Sa maison, sa chambre, son lit.
La Lice cette fois montre les dents, & dit :
Je suis prête à sortir avec toute ma bande,
   Si vous pouvez nous mettre hors.
   Ses enfans étoient déja forts.

Ce qu'on donne aux méchans, toujours on le regrette.
   Pour tirer d'eux ce qu'on leur prête,
   Il faut que l'on en vienne aux coups ;
   Il faut plaider, il faut combattre.
   Laissez-leur prendre un pied chez vous,
   Ils en auront bientôt pris quatre.

(*Fable XXIX.*)

LA LICE ET SA COMPAGNE. Fable XXIX.

L'AIGLE ET L'ESCARBOT. Fable XXX.

J.B. Oudry inv.　　　　　　　　　　　P. Aveline sculp.

FABLE VIII.
L'Aigle et l'Escarbot.

L'Aigle donnoit la chasse à maître Jean Lapin,
Qui droit à son terrier s'enfuyoit au plus vîte.
Le trou de l'Escarbot se rencontre en chemin.
    Je laisse à penser si ce gîte
Étoit sûr: mais où mieux? Jean Lapin s'y blotit.
L'Aigle fondant sur lui, nonobstant cet asyle,
    L'Escarbot intercede, & dit:
Princesse des oiseaux, il vous est fort facile
D'enlever, malgré moi, ce pauvre malheureux:
Mais ne me faites pas cet affront, je vous prie;
Et puisque Jean Lapin vous demande la vie,
Donnez-la lui, de grace, ou l'ôtez à tous deux:
    C'est mon voisin, c'est mon compere.
L'oiseau de Jupiter, sans répondre un seul mot,
    Choque de l'aîle l'Escarbot,
    L'étourdit, l'oblige à se taire,
Enleve Jean Lapin. L'Escarbot indigné,
Vole au nid de l'Oiseau, fracasse en son absence
Ses œufs, ses tendres œufs, sa plus douce espérance:
    Pas un seul ne fut épargné.
L'Aigle étant de retour, & voyant ce ménage,
Remplit le ciel de cris; &, pour comble de rage,
Ne sçait sur qui venger le tort qu'elle a souffert.
Elle gémit en vain, sa plainte au vent se perd:
Il fallut, pour cet an, vivre en mere affligée.
L'an suivant, elle mit son nid en lieu plus haut.
L'Escarbot prend son temps, fait faire aux œufs le saut.
La mort de Jean Lapin, derechef est vengée.
Ce second deuil fut tel que l'écho de ces bois
    N'en dormit de plus de six mois.

L'oiseau qui porte Ganiméde,
Du Monarque des Dieux enfin implore l'aide,
Dépose en son giron ses œufs, & croit qu'en paix
Ils seront dans ce lieu ; que pour ses intérêts,
Jupiter se verra contraint de les défendre :
   Hardi qui les iroit là prendre.
   Aussi ne les y prit-on pas.
   Leur ennemi changea de note ;
Sur la robe du Dieu fit tomber une crotte :
Le Dieu la secouant jetta les œufs à bas.
   Quand l'Aigle sçut l'inadvertance,
   Elle menaça Jupiter
D'abandonner sa Cour, d'aller vivre au désert :
   De quitter toute dépendance,
   Avec mainte autre extravagance.
   Le pauvre Jupiter se tut.
Devant son tribunal l'Escarbot comparut,
   Fit sa plainte, & conta l'affaire.
On fit entendre à l'Aigle enfin qu'elle avoit tort.
Mais les deux ennemis ne voulant point d'accord,
Le Monarque des Dieux s'avisa, pour bien faire,
De transporter le temps où l'Aigle fait l'amour,
En une autre saison, quand la race Escarbote
Est en quartier d'hyver, & comme la Marmote,
   Se cache & ne voit point le jour.

(*Fable* XXX.)

LE LION ET LE MOUCHERON. Fable XXXI.

FABLE IX.
Le Lion et le Moucheron.

Va-t-en, chétif insecte, excrément de la terre :
  C'est en ces mots que le Lion
  Parloit un jour au Moucheron.
  L'autre lui déclara la guerre.
Penses-tu, lui dit-il, que ton titre de roi
  Me fasse peur, ni me soucie?
  Un bœuf est plus puissant que toi,
  Je le mène à ma fantaisie.
  A peine il achevoit ces mots,
  Que lui-même il sonna la charge,
  Fut le trompette & le héros.
  Dans l'abord il se met au large,
  Puis, prend son temps, fond sur le cou
  Du Lion qu'il rend presque fou.
Le quadrupéde écume, & son œil étincelle:
Il rugit: on se cache, on tremble à l'environ;
  Et cette alarme universelle
  Est l'ouvrage d'un Moucheron.
Un avorton de mouche en cent lieux le harcelle,
Tantôt pique l'échine, & tantôt le museau,
  Tantôt entre au fond du nâseau.
La rage alors se trouve à son faîte montée.
L'invisible ennemi triomphe, & rit de voir
Qu'il n'est griffe ni dent en la bête irritée,
Qui de la mettre en sang ne fasse son devoir.
Le malheureux Lion se déchire lui-même,
Fait résonner sa queue à l'entour de ses flancs,
Bat l'air, qui n'en peut mais ; & sa fureur extrême
Le fatigue, l'abat: le voilà sur les dents.

L'infecte, du combat se retire avec gloire:
Comme il sonna la charge, il sonne la victoire,
Va par-tout l'annoncer, & rencontre en chemin
   L'embuscade d'une araignée:
   Il y rencontre aussi sa fin.

Quelle chose par-là, peut nous être enseignée?
J'en vois deux, dont l'une est qu'entre nos ennemis
Les plus à craindre sont souvent les plus petits:
L'autre, qu'aux grands périls tel a pû se souftraire,
   Qui périt pour la moindre affaire.

(*Fable* **XXXI**.)

FABLE X.

L'ÂNE CHARGÉ D'ÉPONGES, ET L'ÂNE CHARGÉ
DE SEL.

Un Anier, son sceptre à la main,
Menoit en Empereur Romain
Deux coursiers à longues oreilles.
L'un, d'éponges chargé, marchoit comme un courier;
Et l'autre, se faisant prier,
Portoit, comme on dit, les bouteilles.
Sa charge étoit de sel. Nos gaillards pélerins
Par monts, par vaux & par chemins
Au gué d'une riviere à la fin arriverent,
Et fort empêchés se trouverent.
L'Anier, qui tous les jours traversoit ce gué-là,
Sur l'Ane à l'éponge monta,
Chaffant devant lui l'autre bête,
Qui voulant en faire à sa tête,
Dans un trou se précipita,
Revint sur l'eau, puis s'échappa:
Car au bout de quelques nagées
Tout son sel se fondit si bien,
Que le Baudet ne sentit rien
Sur ses épaules soulagées.
Camarade épongier prit exemple sur lui,
Comme un mouton qui va dessus la foi d'autrui.
Voilà mon Ane à l'eau, jusqu'au col il se plonge,
Lui, le conducteur & l'éponge.
Tous trois bûrent d'autant: l'Anier & le Grison
Firent à l'éponge raison.
Celle-ci devint si pesante,
Et de tant d'eau s'emplit d'abord,

Que l'Ane succombant ne put gagner le bord.
    L'Anier l'embrassoit, dans l'attente
    D'une prompte & certaine mort.
Quelqu'un vint au secours : qui ce fut, il n'importe.
C'est assez qu'on ait vû par-là, qu'il ne faut point
    Agir chacun de même sorte.
    J'en voulois venir à ce point

(*Fable* XXXII.)

FABLE XI.
LE LION
ET
LE RAT.

FABLE XI.

Le Lion et le Rat.

IL faut, autant qu'on peut, obliger tout le monde.
On a souvent besoin d'un plus petit que soi.
De cette vérité deux Fables feront foi,
    Tant la chose en preuves abonde.

    Entre les pattes d'un Lion,
Un Rat sortit de terre, assez à l'étourdie.
Le roi des animaux, en cette occasion,
Montra ce qu'il étoit, & lui donna la vie.
    Ce bienfait ne fut pas perdu.
    Quelqu'un auroit-il jamais cru,
    Qu'un Lion d'un Rat eût affaire?
Cependant il avint qu'au sortir des forêts,
    Ce Lion fut pris dans des rêts,
Dont ses rugissemens ne le purent défaire.
Sire Rat accourut, & fit tant par ses dents,
Qu'une maille rongée emporta tout l'ouvrage.

    Patience & longueur de temps
    Font plus que force ni que rage.

(Fable XXXIII.)

LE LION ET LE RAT. Fable XXXIII.

FABLE XII.
LA COLOMBE
ET
LA FOURMI.

FABLE XII.

La Colombe et la Fourmi.

L'autre exemple eſt tiré d'animaux plus petits.
Le long d'un clair ruiſſeau bûvoit une Colombe:
Quand ſur l'eau ſe penchant une Fourmis y tombe.
Et dans cet océan l'on eût vû la Fourmis
S'efforcer, mais en vain, de regagner la rive.
La Colombe auſſi-tôt uſa de charité.
Un brin d'herbe dans l'eau, par elle étant jetté,
Ce fut un promontoire où la Fourmis arrive.
   Elle ſe ſauve; & là-deſſus
Paſſe un certain croquant qui marchoit les pieds nuds:
Ce croquant, par hazard, avoit une arbalête.
   Dès qu'il voit l'Oiſeau de Vénus,
Il le croit en ſon pot, & déja lui fait fête.
Tandis qu'à le tuer mon villageois s'apprête,
   La Fourmi le pique au talon.
   Le vilain retourne la tête.
La Colombe l'entend, part, & tire de long.
Le ſoupé du croquant avec elle s'envole.
   Point de pigeon pour une obole.

(Fable xxxiv.)

LA COLOMBE ET LA FOURMI. Fable XXXIV.

L'ASTROLOGUE QUI SE LAISSE TOMBER DANS UN PUITS. Fable XXXV.

FABLE XIII.

L'Astrologue qui se laisse tomber dans un puits.

Un Astrologue un jour se laissa cheoir
Au fond d'un puits. On lui dit: pauvre bête,
Tandis qu'à peine à tes pieds tu peux voir,
Penses-tu lire au-dessus de ta tête?

Cette aventure en soi, sans aller plus avant,
Peut servir de leçon à la plûpart des hommes.
Parmi ce que de gens sur la terre nous sommes,
    Il en est peu qui sort souvent
    Ne se plaisent d'entendre dire,
Qu'au livre du destin les mortels peuvent lire.
Mais ce livre qu'Homere & les siens ont chanté,
Qu'est-ce, que le hazard parmi l'antiquité,
    Et parmi nous la Providence?
Or du hazard il n'est point de science:
    S'il en étoit, on auroit tort
De l'appeller hazard, ni fortune, ni sort,
    Toutes choses très-incertaines.
    Quant aux volontés souveraines
De celui qui fait tout, & rien qu'avec dessein,
Qui les sçait que lui seul? Comment lire en son sein?
Auroit-il imprimé sur le front des étoiles
Ce que la nuit des temps enferme dans ses voiles?
A quelle utilité? Pour exercer l'esprit
De ceux qui de la sphére & du globe ont écrit?
Pour nous faire éviter des maux inévitables?
Nous rendre, dans les biens, de plaisirs incapables?
Et causant du dégoût pour ces biens prévenus,
Les convertir en maux devant qu'ils soient venus?

C'eſt erreur, ou plutôt, c'eſt crime de le croire.
Le Firmament ſe meut, les Aſtres font leur cours,
   Le Soleil nous luit tous les jours :
Tous les jours ſa clarté ſuccede à l'ombre noire,
Sans que nous en puiſſions autre choſe inférer
Que la néceſſité de luire & d'éclairer,
D'amener les ſaiſons, de meurir les ſemences,
De verſer ſur les corps certaines influences.
Du reſte, en quoi répond au ſort toujours divers,
Ce train toujours égal dont marche l'univers ?
   Charlatans, faiſeurs d'horoſcope,
  Quittez les Cours des Princes de l'Europe.
Emmenez avec vous les ſouffleurs tout d'un temps,
Vous ne méritez pas plus de foi que ces gens.
Je m'emporte un peu trop : revenons à l'hiſtoire
De ce Spéculateur qui fut contraint de boire.
Outre la vanité de ſon art menſonger,
C'eſt l'image de ceux qui bâillent aux chimeres,
   Cependant qu'ils ſont en danger,
   Soit pour eux, ſoit pour leurs affaires.

(Fable XXXV.)

LE LIEVRE ET LES GRENOUILLES. Fable XXXVI.

FABLE XIV.

LE LIÉVRE ET LES GRENOUILLES.

Un Liévre en son gîte songeoit ;
(Car que faire en un gîte, à moins que l'on ne songe?)
Dans un profond ennui ce Liévre se plongeoit :
Cet animal est triste, & la crainte le ronge.
  Les gens de naturel peureux,
   Sont, disoit-il, bien malheureux !
Ils ne sçauroient manger morceau qui leur profite :
Jamais un plaisir pur ; toujours assauts divers.
Voilà comme je vis : cette crainte maudite
M'empêche de dormir, sinon les yeux ouverts.
Corrigez-vous, dira quelque sage cervelle.
   Et la peur se corrige-t-elle ?
   Je croi même qu'en bonne foi,
   Les hommes ont peur comme moi.
   Ainsi raisonnoit notre Liévre ;
   Et cependant faisoit le guet.
   Il étoit douteux, inquiet :
Un souffle, une ombre, un rien, tout lui donnoit la fiévre.
   Le mélancolique animal,
   En rêvant à cette matiére,
Entend un léger bruit : ce lui fut un signal
   Pour s'enfuir devers sa taniére.
Il s'en alla passer sur le bord d'un étang.
Grenouilles aussi-tôt de sauter dans les ondes ;
Grenouilles de rentrer dans leurs grottes profondes.
   Oh, dit-il, j'en fais faire autant
   Qu'on m'en fait faire ! Ma présence
Effraie aussi les gens ! Je mets l'alarme au camp !
   Et d'où me vient cette vaillance ?

Comment, des animaux qui tremblent devant moi !
  Je suis donc un foudre de guerre ?
Il n'est, je le vois bien, si poltron sur la terre,
Qui ne puisse trouver un plus poltron que soi.

(*Fable* XXXVI.)

LE COQ ET LE RENARD. Fable XXXVII.

FABLE XV.
Le Coq et le Renard.

Sur la branche d'un arbre étoit en sentinelle
      Un vieux Coq adroit & matois.
Frere, dit un Renard, adouciffant fa voix,
      Nous ne fommes plus en querelle :
        Paix générale cette fois.
Je viens te l'annoncer; defcens que je t'embraffe.
      Ne me retarde point, de grace :
Je dois faire aujourd'hui vingt poftes fans manquer.
      Les tiens & toi pouvez vaquer,
      Sans nulle crainte, à vos affaires;
      Nous vous y fervirons en freres.
      Faites-en les feux dès ce foir;
      Et cependant viens recevoir
      Le baifer d'amour fraternelle.
Ami, reprit le Coq, je ne pouvois jamais
Apprendre une plus douce & meilleure nouvelle,
        Que celle
        De cette paix.
      Et ce m'eft une double joie
De la tenir de toi. Je vois deux lévriers
      Qui, je m'affure, font couriers,
      Que pour ce fujet on envoie.
Ils vont vîte, & feront dans un moment à nous.
Je defcens, nous pourrons nous entrebaifer tous.
Adieu, dit le Renard, ma traite eft longue à faire.
Nous nous réjouirons du fuccès de l'affaire
      Une autre fois. Le galant auffi-tôt
      Tire fes grégues, gagne au haut,

74　FABLES CHOISIES.

　　Mal-content de son stratagême.
　　Et notre vieux Coq, en soi-même,
　　Se mit à rire de sa peur :
Car c'est double plaisir de tromper le trompeur.

(*Fable XXXVII.*)

FABLE XVI.
LE CORBEAU
VOULANT IMITER
L'AIGLE.

FABLE XVI.

LE CORBEAU VOULANT IMITER L'AIGLE.

L'Oiseau de Jupiter enlevant un mouton;
Un Corbeau témoin de l'affaire,
Et plus foible de reins, mais non pas moins glouton,
En voulut sur l'heure autant faire.
Il tourne à l'entour du troupeau,
Marque, entre cent moutons, le plus gras, le plus beau,
Un vrai mouton de sacrifice.
On l'avoit réservé pour la bouche des Dieux.
Gaillard Corbeau disoit, en le couvrant des yeux,
Je ne sçai qui fut ta nourrice;
Mais ton corps me paroît en merveilleux état:
Tu me serviras de pâture.
Sur l'animal bêlant, à ces mots il s'abat.
La moutoniére créature
Pesoit plus qu'un fromage; outre que sa toison
Étoit d'une épaisseur extrême,
Et mêlée, à peu près, de la même façon
Que la barbe de Polyphême.
Elle empêtra si bien les serres du Corbeau,
Que le pauvre animal ne put faire retraite.
Le Berger vient, le prend, l'encage bien & beau,
Le donne à ses enfans pour servir d'amusette.

Il faut se mesurer, la conséquence est nette.
Mal prend aux volereaux, de faire les voleurs.
L'exemple est un dangereux leure.
Tous les mangeurs de gens ne sont pas grands seigneurs:
Où la guêpe a passé, le moucheron demeure.

(*Fable XXXVIII.*)

LE CORBEAU VOULANT IMITER L'AIGLE. Fable XXXVIII.

FABLE XVII.

LE PAON

SE PLAIGNANT

A JUNON.

FABLE XVII.

LE PAON SE PLAIGNANT A JUNON.

Le Paon se plaignoit à Junon.
Déesse, disoit-il, ce n'est pas sans raison
  Que je me plains, que je murmure:
  Le chant dont vous m'avez fait don
  Déplaît à toute la nature:
Au lieu qu'un Rossignol, chétive créature,
  Forme des sons aussi doux qu'éclatans,
  Est lui seul l'honneur du printemps.
  Junon répondit en colere:
  Oiseau jaloux, & qui devrois te taire,
Est-ce à toi d'envier la voix du Rossignol,
Toi, que l'on voit porter à l'entour de ton col
Un arc-en-ciel nué de cent sortes de soies,
  Qui te panades, qui déploies
Une si riche queue, & qui semble à nos yeux
  La boutique d'un Lapidaire?
  Est-il quelque oiseau sous les cieux
  Plus que toi capable de plaire?
Tout animal n'a pas toutes propriétés;
Nous vous avons donné diverses qualités:
Les uns ont la grandeur & la force en partage;
Le Faucon est léger, l'Aigle plein de courage;
  Le Corbeau sert pour le présage,
La Corneille avertit des malheurs à venir.
  Tous sont contens de leur ramage.
Cesse donc de te plaindre, ou bien, pour te punir,
  Je t'ôterai ton plumage.

(*Fable* XXXIX.)

LE PAON SE PLAIGNANT A JUNON. Fable XXXIX.

LA CHATE METAMORPHOSÉE EN FEMME. Fable XI.

J.B. Oudry inv. P.F. Tardieu sculp.

FABLE XVIII.

La Chatte métamorphosée en Femme.

Un Homme chériſſoit éperdument ſa Chatte,
Il la trouvoit mignonne, & belle, & délicate,
  Qui miauloit d'un ton fort doux :
  Il étoit plus fou que les fous.
 Cet Homme donc, par prieres, par larmes,
  Par ſortiléges & par charmes,
  Fait tant qu'il obtient du Deſtin,
  Que ſa Chatte, en un beau matin,
  Devient Femme ; & le matin même,
  Maître ſot en fait ſa moitié.
  Le voilà fou d'amour extrême,
  De fou qu'il étoit d'amitié.
  Jamais la Dame la plus belle
  Ne charma tant ſon favori,
  Que fait cette épouſe nouvelle
  Son hypocondre de mari.
  Il l'amadoue, elle le flatte :
  Il n'y trouve plus rien de Chatte ;
  Et pouſſant l'erreur juſqu'au bout,
  La croit Femme en tout & par tout.
Lorſque quelques Souris qui rongeoient de la natte,
Troublerent le plaiſir des nouveaux mariés.
  Auſſi-tôt la Femme eſt ſur pieds :
  Elle manqua ſon aventure.
Souris de revenir ; Femme d'être en poſture.
  Pour cette fois, elle accourut à point :
  Car ayant changé de figure,
  Les Souris ne la craignoient point.
  Ce lui fut toujours une amorce,
  Tant le naturel a de force.

Il fe moque de tout : certain âge accompli,
Le vafe eft imbibé, l'étoffe a pris fon pli.
  En vain de fon train ordinaire
  On le veut défaccoutumer;
  Quelque chofe qu'on puiffe faire,
  On ne fçauroit le réformer.
  Coups de fourches, ni d'étriviéres
  Ne lui font changer de maniéres;
  Et fuffiez-vous embâtonnés,
  Jamais vous n'en ferez les maîtres.
  Qu'on lui ferme la porte au nez,
  Il reviendra par les fenêtres.

(*Fable* XL.)

FABLE XIX.

LE LION
ET L'ÂNE
CHASSANS.

FABLE XIX.
Le Lion et l'Âne chassans.

Le Roi des animaux se mit un jour en tête
    De giboyer. Il célébroit sa fête.
Le gibier du Lion ce ne sont point moineaux,
Mais beaux & bons Sangliers, Daims & Cerfs bons & beaux.
      Pour réussir dans cette affaire,
      Il se servit du ministere
      De l'Ane, à la voix de Stentor.
L'Ane à messer Lion fit office de cor.
Le Lion le posta, le couvrit de ramée,
Lui commanda de braire, assuré qu'à ce son
Les moins intimidés fuiroient de leur maison.
Leur troupe n'étoit pas encore accoutumée
      A la tempête de sa voix;
L'air en retentissoit d'un bruit épouvantable.
La frayeur saisissoit les hôtes de ces bois;
Tous fuyoient, tous tomboient au piége inévitable
      Où les attendoit le Lion.
N'ai-je pas bien servi dans cette occasion?
Dit l'Ane, en se donnant tout l'honneur de la chasse.
Oui, reprit le Lion, c'est bravement crié.
Si je ne connoissois ta personne & ta race,
      J'en serois moi-même effrayé.
L'Ane, s'il eût osé, se fût mis en colere,
Encor qu'on le raillât avec juste raison:
Car qui pourroit souffrir un Ane fanfaron?
      Ce n'est pas là leur caractere.

(*Fable* XLI.)

LE LION ET L'ÂNE CHASSANS. Fable XLI.

FABLE XX.
TESTAMENT
EXPLIQUÉ
PAR ÉSOPE.

FABLE XX.

Testament expliqué par Ésope.

Si ce qu'on dit d'Ésope est vrai,
C'étoit l'oracle de la Gréce :
Lui seul avoit plus de sagesse
Que tout l'Aréopage. En voici, pour essai,
Une histoire des plus gentilles ;
Et qui pourra plaire au lecteur.

Un certain homme avoit trois filles,
Toutes trois de contraire humeur :
Une buveuse, une coquette,
La troisiéme avare parfaite.
Cet homme par son testament,
Selon les loix municipales,
Leur laissa tout son bien par portions égales,
En donnant à leur mere tant,
Payable quand chacune d'elles
Ne posséderoit plus sa contingente part.
Le pere mort, les trois femelles
Courent au testament, sans attendre plus tard.
On le lit ; on tâche d'entendre
La volonté du testateur ;
Mais en vain : car comment comprendre
Qu'aussi-tôt que chacune sœur
Ne possédera plus sa part héréditaire,
Il lui faudra payer sa mere ?
Ce n'est pas un fort bon moyen
Pour payer, que d'être sans bien.
Que vouloit donc dire le pere ?
L'affaire est consultée ; & tous les Avocats,
Après avoir tourné le cas

TESTAMENT EXPLIQUE PAR ESOPE. Fable XI.

LIVRE SECOND.

   En cent & cent mille manieres,
Y jettent leur bonnet, se confessent vaincus ;
  Et conseillent aux héritieres
De partager le bien, sans songer au surplus.
   Quant à la somme de la veuve,
Voici, leur dirent-ils, ce que le Conseil treuve :
Il faut que chaque sœur se charge par traité
   Du tiers payable à volonté,
Si mieux n'aime la mere en créer une rente
   Dès le décès du mort courante.
La chose ainsi réglée, on composa trois lots :
   En l'un, les maisons de bouteille,
   Les buffets dressés sous la treille,
La vaisselle d'argent, les cuvettes, les brocs,
   Les magasins de Malvoisie,
Les esclaves de bouche ; & pour dire en deux mots,
   L'attirail de la goinfrerie.
Dans un autre, celui de la coquetterie ;
La maison de la ville, & les meubles exquis,
   Les eunuques & les coëffeuses,
    Et les brodeuses,
   Les joyaux, les robes de prix.
Dans le troisiéme lot, les fermes, le ménage,
   Les troupeaux & le pâturage,
   Valets & bêtes de labeur.
Ces lots faits, on jugea que le sort pourroit faire,
   Que peut-être pas une sœur
   N'auroit ce qui lui pourroit plaire.
Ainsi, chacune prit son inclination,
   Le tout à l'estimation.
   Ce fut dans la ville d'Athenes,
   Que cette rencontre arriva.
   Petits & grands, tout approuva
Le partage & le choix. Ésope seul trouva
   Qu'après bien du temps & des peines,

Les gens avoient pris juſtement
Le contre-pied du teſtament.
Si le défunt vivoit, diſoit-il, que l'Attique
Auroit de reproches de lui !
Comment ! Ce peuple qui ſe pique
D'être le plus ſubtil des peuples d'aujourd'hui,
A ſi mal entendu la volonté ſuprême
D'un teſtateur ! Ayant ainſi parlé,
Il fait le partage lui-même,
Et donne à chaque ſœur un lot contre ſon gré,
Rien qui pût être convenable,
Partant rien aux ſœurs d'agréable :
A la coquette l'attirail
Qui ſuit les perſonnes buveuſes :
La biberonne eut le bêtail :
La ménagere eut les coëffeuſes.
Tel fut l'avis du Phrygien,
Alléguant qu'il n'étoit moyen
Plus ſûr, pour obliger ces filles
A ſe défaire de leur bien :
Qu'elles ſe mariroient dans les bonnes familles,
Quand on leur verroit de l'argent :
Pairoient leur mere tout comptant ;
Ne poſſéderoient plus les effets de leur pere,
Ce que diſoit le teſtament.
Le peuple s'étonna comme il ſe pouvoit faire
Qu'un homme ſeul eut plus de ſens,
Qu'une multitude de gens.

Fin du ſecond Livre.

(*Fable* XLII.)

FABLES
CHOISIES.
LIVRE TROISIEME.

FABLES CHOISIES.
LIVRE TROISIEME.

FABLE I.

Le Meûnier, son Fils, et l'Âne.

A. M. D. M.

L'invention des Arts étant un droit d'aînesse,
Nous devons l'Apologue à l'ancienne Grece :
Mais ce champ ne se peut tellement moissonner,
Que les derniers venus n'y trouvent à glaner.
La feinte est un pays plein de terres désertes :
Tous les jours nos Auteurs y font des découvertes.
Je t'en veux dire un trait assez bien inventé :
Autrefois à Racan, Malherbe l'a conté.
Ces deux rivaux d'Horace, héritiers de sa lyre,
Disciples d'Apollon, nos Maîtres, pour mieux dire,
Se rencontrant un jour tout seuls & sans témoins ;
(Comme ils se confioient leurs pensers & leurs soins)
Racan commence ainsi : dites-moi, je vous prie,
Vous qui devez sçavoir les choses de la vie,
Qui par tous ses degrés avez déja passé,
Et que rien ne doit fuir en cet âge avancé ;
A quoi me résoudrai-je ? Il est temps que j'y pense.
Vous connoissez mon bien, mon talent, ma naissance.
Dois-je dans la province établir mon séjour ?
Prendre emploi dans l'Armée, ou bien charge à la Cour ?
Tout au monde est mêlé d'amertume & de charmes :
La Guerre a ses douceurs, l'Hymen a ses alarmes.

LE MEUNIER, SON FILS ET L'ANE. A.M.D.M. Fable XIII. 3.e planche

Si je fuivois mon goût, je fçaurois où buter;
Mais j'ai les miens, la Cour, le peuple à contenter.
Malherbe là-deſſus : contenter tout le monde!
Écoutez ce récit avant que je réponde.

J'ai lû dans quelque endroit, qu'un Meûnier & ſon fils,
L'un vieillard, l'autre enfant, non pas des plus petits,
Mais garçon de quinze ans, ſi j'ai bonne mémoire,
Alloient vendre leur Ane un certain jour de foire.
Afin qu'il fut plus frais & de meilleur débit,
On lui lia les pieds, on vous le ſuſpendit :
Puis cet homme & ſon fils le portent comme un luſtre.
Pauvres gens, idiots, couple ignorant & ruſtre!
Le premier qui le vit, de rire s'éclata.
Quelle farce, dit-il, vont jouer ces gens-là?
Le plus Ane des trois n'eſt pas celui qu'on penſe.
Le Meûnier, à ces mots, connoît ſon ignorance.
Il met ſur pieds ſa bête, & la fait détaler.
L'Ane qui goûtoit fort l'autre façon d'aller,
Se plaint en ſon patois. Le Meûnier n'en a cure.
Il fait monter ſon fils, il ſuit ; & d'avanture
Paſſent trois bons marchands. Cet objet leur déplut.
Le plus vieux, au garçon, s'écria tant qu'il put:
Oh là, oh, deſcendez que l'on ne vous le diſe,
Jeune homme qui menez laquais à barbe griſe.
C'étoit à vous de ſuivre, au vieillard de monter.
Meſſieurs, dit le Meûnier, il faut vous contenter.
L'enfant met pied à terre, & puis le vieillard monte.
Quand trois filles paſſant, l'une dit : c'eſt grand'honte
Qu'il faille voir ainſi clocher ce jeune fils,
Tandis que ce nigaud, comme un Évêque aſſis,
Fait le veau ſur ſon Ane, & penſe être bien ſage.
Il n'eſt, dit le Meûnier, plus de veaux à mon âge.
Paſſez votre chemin, la fille, & m'en croyez.
Après maints quolibets coup ſur coup renvoyés,

L'homme crut avoir tort, & mit son fils en croupe.
Au bout de trente pas, une troisiéme troupe
Trouve encore à gloser. L'un dit: ces gens sont fous,
Le Baudet n'en peut plus, il mourra sous leurs coups;
Hé quoi, charger ainsi cette pauvre Bourique!
N'ont-ils point de pitié de leur vieux domestique?
Sans doute qu'à la foire ils vont vendre sa peau.
Parbieu, dit le Meûnier, est bien fou du cerveau,
Qui prétend contenter tout le monde & son pere.
Essayons toutefois, si par quelque maniére
Nous en viendrons à bout. Ils descendent tous deux;
L'Ane, se prélassant, marche seul devant eux.
Un quidam les rencontre, & dit: est-ce la mode
Que Baudet aille à l'aise, & Meûnier s'incommode?
Qui de l'Ane, ou du maître, est fait pour se lasser?
Je conseille à ces gens de le faire enchasser.
Ils usent leurs souliers, & conservent leur Ane:
Nicolas, au rebours: car quand il va voir Jeanne,
Il monte sur sa bête, & la chanson le dit.
Beau trio de Baudets! le Meûnier repartit,
Je suis Ane, il est vrai, j'en conviens, je l'avoue:
Mais que dorénavant on me blâme, on me loue,
Qu'on dise quelque chose, ou qu'on ne dise rien,
J'en veux faire à ma tête. Il le fit, & fit bien.

Quant à vous, suivez Mars, ou l'Amour, ou le Prince;
Allez, venez, courrez, demeurez en province,
Prenez femme, abbaye, emploi, gouvernement:
Les gens en parleront, n'en doutez nullement.

(*Fable* XLIII.)

LES MEMBRES ET L'ESTOMAC. Fab. XLIV.

J.B. Oudry inv. P.E. Motte Sculp.

FABLE II.

Les Membres et l'Estomac.

Je devois par la Royauté
Avoir commencé mon ouvrage :
A la voir d'un certain côté,
Meſſer Gaſter en eſt l'image.
S'il a quelque beſoin, tout le corps s'en reſſent.
De travailler pour lui les membres ſe laſſant,
Chacun d'eux réſolut de vivre en gentilhomme,
Sans rien faire, alléguant l'exemple de Gaſter.
Il faudroit, diſoient-ils, ſans nous qu'il vécût d'air.
Nous ſuons, nous peinons comme bêtes de ſomme :
Et pour qui ? pour lui ſeul : nous n'en profitons pas ;
Notre ſoin n'aboutit qu'à fournir ſes repas.
Chommons, c'eſt un métier qu'il veut nous faire apprendre.
Ainſi dit, ainſi fait. Les mains ceſſent de prendre,
 Les bras d'agir, les jambes de marcher.
Tous dirent à Gaſter qu'il en allât chercher.
Ce leur fut une erreur dont ils ſe repentirent.
Bientôt les pauvres gens tomberent en langueur :
Il ne ſe forma plus de nouveau ſang au cœur :
Chaque membre en ſouffrit : les forces ſe perdirent.
 Par ce moyen les mutins virent
Que celui qu'ils croyoient oiſif & pareſſeux,
A l'intérêt commun contribuoit plus qu'eux.
Ceci peut s'appliquer à la grandeur Royale.
Elle reçoit & donne ; & la choſe eſt égale.
Tout travaille pour elle, & réciproquement
 Tout tire d'elle l'aliment.
Elle fait ſubſiſter l'artiſan de ſes peines,
Enrichit le Marchand, gage le Magiſtrat,
Maintient le laboureur, donne paye au ſoldat,

Diſtribue en cent lieux ſes graces ſouveraines,
  Entretient ſeule tout l'État.
  Menenius le ſçut bien dire :
La Commune s'alloit ſéparer du Sénat.
Les mécontens diſoient qu'il avoit tout l'Empire,
Le pouvoir, les tréſors, l'honneur, la dignité :
Au lieu que tout le mal étoit de leur côté ;
Les tributs, les impots, les fatigues de guerre.
Le peuple hors des murs étoit déja poſté.
La plûpart s'en alloient chercher une autre terre,
  Quand Menenius leur fit voir
  Qu'ils étoient aux membres ſemblables ;
Et par cet Apologue inſigne entre les Fables,
  Les ramena dans leur devoir.

(*Fable* XLIV.)

FABLE III.
Le Loup devenu Berger.

Un Loup qui commençoit d'avoir petite part
　　　Aux Brebis de son voisinage,
Crut qu'il falloit s'aider de la peau du Renard,
　　　Et faire un nouveau personnage.
Il s'habille en Berger, endosse un hoqueton,
　　　Fait sa houlette d'un bâton,
　　　Sans oublier la cornemuse.
　　　Pour pousser jusqu'au bout la ruse,
Il auroit volontiers écrit sur son chapeau,
C'est moi qui suis Guillot, Berger de ce troupeau.
　　　Sa personne étant ainsi faite,
Et ses pieds de devant posés sur sa houlette,
Guillot le Sycophante approche doucement.
Guillot, le vrai Guillot, étendu sur l'herbette,
　　　Dormoit alors profondément.
Son chien dormoit aussi, comme aussi sa musette.
La plûpart des Brebis dormoient pareillement.
　　　L'hypocrite les laissa faire;
Et pour pouvoir mener vers son fort les Brebis,
Il voulut ajoûter la parole aux habits,
　　　Chose qu'il croyoit nécessaire;
　　　Mais cela gâta son affaire.
Il ne put du Pasteur contrefaire la voix:
Le ton dont il parla fit retentir les bois,
　　　Et découvrit tout le mystere.
　　　Chacun se réveille à ce son,
　　　Les Brebis, le Chien, le Garçon.
　　　Le pauvre Loup dans cet esclandre,
　　　Empêché par son hoqueton,

Ne pût ni fuir, ni fe défendre.

Toujours par quelque endroit fourbes fe laiffent prendre.
Quiconque eft Loup, agiffe en Loup:
C'eft le plus certain de beaucoup.

(*Fable* XLV.)

LES GRENOUILLES QUI DEMANDENT UN ROY. Fable XLVI.

FABLE IV.

LES GRENOUILLES QUI DEMANDENT UN ROI.

Les Grenouilles se lassant
De l'état Démocratique,
Par leurs clameurs firent tant
Que Jupin les soumit au pouvoir Monarchique.
Il leur tomba du Ciel un Roi tout pacifique.
Ce Roi fit toutefois un tel bruit en tombant,
Que la gent marécageuse,
Gent fort sotte & fort peureuse,
S'alla cacher sous les eaux,
Dans les joncs, dans les roseaux,
Dans les trous du marécage,
Sans oser de long-temps regarder au visage
Celui qu'elles croyoient être un géant nouveau.
Or c'étoit un soliveau,
De qui la gravité fit peur à la premiére,
Qui de le voir s'avanturant,
Osa bien quitter sa taniére.
Elle approcha, mais en tremblant.
Une autre la suivit, une autre en fit autant,
Il en vint une fourmilliére;
Et leur troupe à la fin se rendit familiére
Jusqu'à sauter sur l'épaule du Roi.
Le bon Sire le souffre, & se tient toujours coi.
Jupin en a bientôt la cervelle rompue.
Donnez-nous, dit ce peuple, un Roi qui se remue.
Le Monarque des Dieux leur envoie une Grue,
Qui les croque, qui les tue,
Qui les gobe à son plaisir:
Et Grenouilles de se plaindre;

Et Jupin de leur dire : & quoi, votre defir
         A fes loix croit-il nous aftraindre ?
         Vous avez dû premiérement
         Garder votre Gouvernement :
Mais ne l'ayant pas fait, il vous devoit fuffire
Que votre premier Roi fut débonnaire & doux.
         De celui-ci contentez-vous,
         De peur d'en rencontrer un pire.

(*Fable* XLVI.)

LE RENARD ET LE BOUC. Fable XLVII.

J.B. Oudry inv. J. Pelletier sculp.

FABLE V.

LE RENARD ET LE BOUC.

Capitaine Renard alloit de compagnie
Avec son ami Bouc, des plus haut encornez.
Celui-ci ne voyoit pas plus loin que son nez;
L'autre étoit passé maître en fait de tromperie.
La soif les obligea de descendre en un puits.
  Là, chacun d'eux se désaltere.
Après qu'abondamment tous deux en eurent pris,
Le Renard dit au Bouc : que ferons-nous, compere?
Ce n'est pas tout de boire, il faut sortir d'ici.
Leve tes pieds en haut, & tes cornes aussi :
Mets-les contre le mur. Le long de ton échine
  Je grimperai premiérement;
  Puis sur tes cornes m'élevant,
  A l'aide de cette machine,
  De ce lieu-ci je sortirai,
  Après quoi je t'en tirerai.
Par ma barbe, dit l'autre, il est bon; & je loue
  Les gens bien sensés comme toi.
  Je n'aurois jamais, quant à moi,
  Trouvé ce secret, je l'avoue.
Le Renard sort du puits, laisse son compagnon,
  Et vous lui fait un beau sermon
  Pour l'exhorter à patience.
Si le ciel t'eût, dit-il, donné par excellence,
Autant de jugement que de barbe au menton,
  Tu n'aurois pas, à la légere,
Descendu dans ce puits. Or adieu, j'en suis hors :
Tâche de t'en tirer, & fais tous tes efforts :

Car pour moi j'ai certaine affaire
Qui ne me permet pas d'arrêter en chemin.

En toute chose il faut considérer la fin.

(*Fable* XLVII.)

L'AIGLE, LA LAYE, ET LA CHATE. Pag. XLVIII.

J. B. Oudry inv. P. Tardieu sculp.

FABLE VI.

L'Aigle, la Laye, et la Chatte.

L'Aigle avoit ſes petits au haut d'un arbre creux;
La Laye au pied, la Chatte entre les deux:
Et ſans s'incommoder, moyennant ce partage,
Meres & nourriſſons faiſoient leur tripotage.
La Chatte détruiſit, par ſa fourbe, l'accord.
Elle grimpa chez l'Aigle, & lui dit: notre mort
(Au moins de nos enfans, car c'eſt tout un aux meres)
   Ne tardera poſſible guéres.
Voyez-vous à nos pieds fouïr inceſſamment
Cette maudite Laye, & creuſer une mine?
C'eſt pour déraciner le chêne aſſurément,
Et de nos nourriſſons attirer la ruine.
  L'arbre tombant, ils feront dévorés:
    Qu'ils s'en tiennent pour aſſurés.
S'il m'en reſtoit un ſeul, j'adoucirois ma plainte.
Au partir de ce lieu, qu'elle remplit de crainte,
   La perfide deſcend tout droit
    A l'endroit
  Où la Laye étoit en géſine.
  Ma bonne amie & ma voiſine,
Lui dit-elle tout bas, je vous donne un avis.
L'Aigle, ſi vous ſortez, fondra ſur vos petits;
   Obligez-moi de n'en rien dire;
   Son courroux tomberoit ſur moi.
Dans cette autre famille ayant ſemé l'effroi,
  La Chatte en ſon trou ſe retire.
L'Aigle n'oſe ſortir, ni pourvoir aux beſoins
  De ſes petits; la Laye encore moins:
Sottes de ne pas voir que le plus grand des ſoins,
Ce doit être celui d'éviter la famine.

A demeurer chez foi, l'une & l'autre s'obftine,
Pour fecourir les fiens dedans l'occafion :
  L'Oifeau royal, en cas de mine;
  La Laye, en cas d'irruption.
La faim détruifit tout : il ne refta perfonne
De la gent Marcaffine, & de la gent Aiglonne,
  Qui n'allât de vie à trépas :
  Grand renfort pour meffieurs les Chats.

Que ne fçait point ourdir une langue traîtreffe
  Par fa pernicieufe adreffe ?
   Des malheurs qui font fortis
   De la boîte de Pandore,
Celui qu'à meilleur droit tout l'Univers abhorre,
  C'eft la fourbe, à mon avis.

(*Fable* XLVIII.)

FABLE VII.
L'IVROGNE
ET
SA FEMME.

FABLE VII.
L'Ivrogne et sa Femme.

Chacun a son défaut où toujours il revient :
  Honte ni peur n'y remédie.
 Sur ce propos, d'un conte il me souvient :
  Je ne dis rien que je n'appuie
 De quelque exemple. Un suppôt de Bacchus
Altéroit sa santé, son esprit & sa bourse.
Telles gens n'ont pas fait la moitié de leur course,
  Qu'ils sont au bout de leurs écus.
Un jour que celui-ci, plein du jus de la treille,
Avoit laissé ses sens au fond d'une bouteille,
Sa femme l'enferma dans un certain tombeau.
  Là, les vapeurs du vin nouveau
Cuverent à loisir. A son réveil il treuve
L'attirail de la mort à l'entour de son corps,
  Un luminaire, un drap des morts.
Oh ! dit-il, qu'est-ceci ? ma femme est-elle veuve ?
Là-dessus, son épouse, en habit d'Alecton,
Masquée, & de sa voix contrefaisant le ton,
Vient au prétendu mort, approche de sa biére,
Lui présente un chaudeau propre pour Lucifer.
L'époux alors ne doute en aucune maniére
  Qu'il ne soit citoyen d'enfer.
Quelle personne es-tu ? dit-il à ce phantôme.
  La célériére du royaume
De Satan, reprit-elle ; & je porte à manger
  A ceux qu'enclôt la tombe noire.
  Le mari repart, sans songer,
  Tu ne leur portes point à boire ?

(Fable XLIX.)

L'YVROGNE ET SA FEMME. Fable XLIX.

LA GOUTE ET L'ARAIGNÉE. Fable I. 2.e Planche.

J. B. Oudry inv. P. Q. Chedel Sculp.

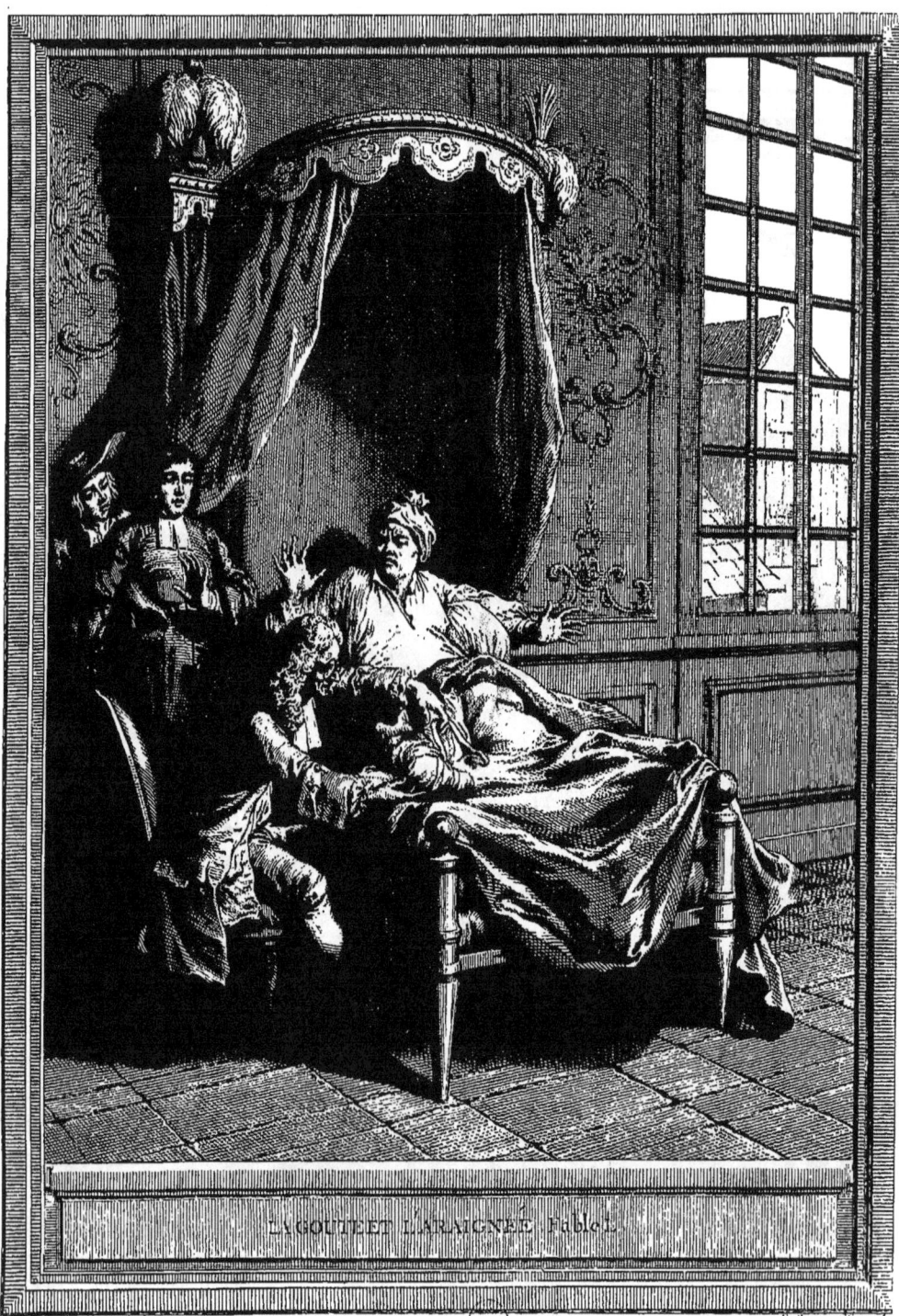

LA GOUTE ET L'ARAIGNÉE. Fable III.

FABLE VIII.
La Goutte et l'Araignée.

Quand l'Enfer eut produit la Goutte & l'Araignée ;
Mes filles, leur dit-il, vous pouvez vous vanter
    D'être pour l'humaine lignée
    Également à redouter.
Or avisons aux lieux qu'il vous faut habiter.
    Voyez-vous ces cases étroites ;
Et ces palais si grands, si beaux, si bien dorés ?
Je me suis proposé d'en faire vos retraites.
    Tenez donc, voici deux buchettes :
    Accommodez-vous, ou tirez.
Il n'est rien, dit l'Aragne, aux cases qui me plaise.
L'autre, tout au rebours, voyant les palais pleins
    De ces gens nommés Médecins,
Ne crut pas y pouvoir demeurer à son aise.
Elle prend l'autre lot, y plante le piquet,
S'étend avec plaisir sur l'orteil d'un pauvre homme,
Disant : je ne crois pas qu'en ce poste je chomme,
Ni que d'en déloger, & faire mon paquet
    Jamais Hippocrate me somme.
L'Aragne cependant se campe en un lambris,
Comme si de ces lieux elle eut fait bail à vie,
Travaille à demeurer : voilà sa toile ourdie,
    Voilà des moucherons de pris.
Une servante vient balayer tout l'ouvrage.
Autre toile tissue ; autre coup de balai.
Le pauvre bestion tous les jours déménage.
    Enfin, après un vain essai,
Il va trouver la Goutte. Elle étoit en campagne,
    Plus malheureuse mille fois
    Que la plus malheureuse Aragne.

Son hôte la menoit tantôt fendre du bois,
Tantôt foüir, hoüer. Goutte bien tracaſſée
      Eſt, dit-on, à demi penſée.
Oh! je ne ſçaurois plus, dit-elle, y réſiſter.
Changeons, ma ſœur l'Aragne. Et l'autre d'écouter:
Elle la prend au mot, ſe gliſſe en la cabane :
Point de coup de balai qui l'oblige à changer.
La Goutte, d'autre part, va tout droit ſe loger
      Chez un Prélat qu'elle condamne
      A jamais du lit ne bouger.
Cataplaſmes, Dieu ſçait. Les gens n'ont point de honte
De faire aller le mal toujours de pis en pis.
L'une & l'autre trouva de la ſorte ſon compte,
Et fit très-ſagement de changer de logis.

(Fable L.)

FABLE IX.
LE LOUP
ET
LA CICOGNE.

FABLE IX.

Le Loup et la Cicogne.

Les Loups mangent gloutonnement.
Un Loup donc étant de frairie,
Se pressa, dit-on, tellement,
Qu'il en pensa perdre la vie.
Un os lui demeura bien avant au gosier.
De bonheur pour ce Loup, qui ne pouvoit crier,
    Près de là passe une Cicogne.
      Il lui fait signe, elle accourt.
Voilà l'Opératrice aussi-tôt en besogne.
Elle retira l'os: puis, pour un si bon tour,
    Elle demanda son salaire.
    Votre salaire? dit le Loup,
    Vous riez, ma bonne commere.
    Quoi! ce n'est pas encor beaucoup
D'avoir de mon gosier retiré votre cou?
    Allez, vous êtes une ingrate;
    Ne tombez jamais sous ma patte.

(*Fable LI.*)

LE LOUP ET LA CICOGNE.

J.B. Oudry inv. P. Aveline sculp.

FABLE X.
LE LION
ABATTU
PAR L'HOMME.

FABLE X.

LE LION ABATTU PAR L'HOMME.

On exposoit une peinture,
Où l'artisan avoit tracé
Un Lion d'immense stature,
Par un seul homme terrassé.
Les regardans en tiroient gloire.
Un Lion en passant rabattit leur caquet.
Je vois bien, dit-il, qu'en effet
On vous donne ici la victoire;
Mais l'ouvrier vous a déçus,
Il avoit liberté de feindre.
Avec plus de raison nous aurions le dessus,
Si mes confreres sçavoient peindre.

(*Fable LII.*)

FABLE XI.
LE RENARD
ET
LES RAISINS.

FABLE XI.

Le Renard et les Raisins.

Certain Renard Gaſcon, d'autres diſent Normand,
Mourant preſque de faim, vit au haut d'une treille
　　　Des raiſins mûrs apparemment,
　　　Et couverts d'une peau vermeille.
Le galant en eût fait volontiers un repas.
　　　Mais comme il n'y pouvoit atteindre;
Ils ſont trop verds, dit-il, & bons pour des goujats.
　　　Fit-il pas mieux que de ſe plaindre?

(*Fable LIII.*)

LE RENARD ET LES RAISINS.

FABLE XII.
LE CYGNE
ET
LE CUISINIER.

FABLE XII.
Le Cygne et le Cuisinier.

Dans une ménagerie
De volatiles remplie,
Vivoient le Cygne & l'Oison :
Celui-là destiné pour les regards du Maître,
Celui-ci pour son goût : l'un qui se piquoit d'être
Commensal du jardin, l'autre de la maison.
Des fossés du château faisant leurs galeries,
Tantôt on les eût vûs côte à côte nâger,
Tantôt courir sur l'onde, & tantôt se plonger,
Sans pouvoir satisfaire à leurs vaines envies.
Un jour le Cuisinier, ayant trop bû d'un coup,
Prit pour Oison le Cygne, & le tenant au cou,
Il alloit l'égorger, puis le mettre en potage.
L'oiseau, prêt à mourir, se plaint en son ramage.
Le Cuisinier fut fort surpris,
Et vit bien qu'il s'étoit mépris.
Quoi ! Je mettrois, dit-il, un tel chanteur en soupe !
Non, non, ne plaise aux Dieux que jamais ma main coupe
La gorge à qui s'en sert si bien.

Ainsi dans les dangers qui nous suivent en croupe,
Le doux parler ne nuit de rien.

(*Fable LIV.*)

LE CYGNE ET LE CUISINIER. Fable LIV.

FABLE XIII.
LES LOUPS
ET
LES BREBIS.

FABLE XIII.

Les Loups et les Brebis.

Après mille ans & plus de guerre déclarée,
Les Loups firent la paix avecque les Brebis.
C'étoit apparemment le bien des deux partis:
Car si les Loups mangeoient mainte bête égarée,
Les Bergers, de leur peau, se faisoient maints habits.
Jamais de liberté, ni pour les pâturages,
  Ni d'autre part pour les carnages.
Ils ne pouvoient jouir, qu'en tremblant, de leurs biens.
La paix se conclut donc: on donne des ôtages,
Les Loups, leurs Louveteaux, & les Brebis, leurs Chiens.
L'échange en étant fait aux formes ordinaires,
  Et reglé par des Commissaires,
Au bout de quelque temps que messieurs les Louvats
Se virent Loups parfaits, & friands de tuerie,
Ils vous prennent le temps que dans la bergerie
  Messieurs les Bergers n'étoient pas;
Étranglent la moitié des Agneaux les plus gras,
Les emportent aux dents, dans les bois se retirent.
Ils avoient averti leurs gens secrétement.
Les Chiens qui, sur leur foi, reposoient sûrement,
  Furent étranglés en dormant.
Cela fut si tôt fait qu'à peine ils le sentirent.
Tout fut mis en morceaux, un seul n'en échappa.

  Nous pouvons conclure de là,
Qu'il faut faire aux méchans guerre continuelle.
  La paix est fort bonne de soi,
   J'en conviens: mais de quoi sert-elle
   Avec des ennemis sans foi?

(*Fable LV.*)

LES LOUPS ET LES BREBIS. Fable LV.

FABLE XIV.

Le Lion devenu vieux.

Le Lion, terreur des forêts,
Chargé d'ans, & pleurant son antique prouesse,
Fut enfin attaqué par ses propres sujets,
　　Devenus forts par sa foiblesse.
Le Cheval s'approchant, lui donne un coup de pied,
Le Loup un coup de dent, le Bœuf un coup de corne.
Le malheureux Lion languissant, triste & morne,
Peut à peine rugir, par l'âge estropié.
Il attend son destin sans faire aucunes plaintes ;
Quand voyant l'Ane même à son antre accourir,
Ah ! c'est trop, lui dit-il, je voulois bien mourir ;
Mais c'est mourir deux fois que souffrir tes atteintes.

(*Fable* LVI.)

LA FEMME NOYEE, Fable LVIII.

Quiconque avec elle naîtra,
Sans faute avec elle mourra,
Et jufqu'au bout contredira,
Et, s'il peut, encor par-delà.

(*Fable LVIII.*)

FABLE XVII.
LA BELETTE
ENTRÉE
DANS UN GRENIER.

FABLE XVI.

La Femme noyée.

Je ne fuis pas de ceux qui difent: ce n'eft rien,
  C'eft une femme qui fe noie.
Je dis que c'eft beaucoup; & ce fexe vaut bien
Que nous le regrettions, puifqu'il fait notre joie.
Ce que j'avance ici, n'eft point hors de propos,
  Puifqu'il s'agit, en cette Fable,
  D'une Femme qui dans les flots
Avoit fini fes jours par un fort déplorable.
  Son Époux en cherchoit le corps,
  Pour lui rendre en cette aventure
  Les honneurs de la fépulture.
  Il arriva que fur les bords
  Du fleuve, auteur de fa difgrace,
Des gens fe promenoient, ignorant l'accident.
  Ce mari donc leur demandant
S'ils n'avoient de fa femme aperçu nulle trace;
Nulle, reprit l'un d'eux; mais cherchez-la plus bas,
  Suivez le fil de la riviere.
Un autre repartit: non, ne le fuivez pas,
  Rebrouffez plutôt en arriere.
Quelle que foit la pente & l'inclination
  Dont l'eau par fa courfe l'emporte,
  L'efprit de contradiction
  L'aura fait floter d'autre forte.
Cet homme fe railloit affez hors de faifon.
  Quant à l'humeur contredifante,
  Je ne fçai s'il avoit raifon;
  Mais que cette humeur foit, ou non,
  Le défaut du fexe & fa pente;

Quiconque avec elle naîtra,
Sans faute avec elle mourra,
Et jufqu'au bout contredira,
Et, s'il peut, encor par-delà.

(*Fable LVIII.*)

FABLE XVII.

La Belette entrée dans un grenier.

Damoiselle Belette, au corps long & fluet,
Entra dans un grenier par un trou fort étroit:
    Elle sortoit de maladie.
    Là, vivant à discrétion,
    La Galante fit chere lie,
    Mangea, rongea: Dieu sçait la vie,
Et le lard qui périt en cette occasion.
    La voilà, pour conclusion,
    Grasse, maflue, & rebondie.
Au bout de la semaine, ayant dîné son sou,
Elle entend quelque bruit, veut sortir par le trou;
Ne peut plus repasser, & croit s'être méprise.
    Après avoir fait quelques tours,
C'est, dit-elle, l'endroit, me voilà bien surprise:
J'ai passé par ici depuis cinq ou six jours.
    Un Rat qui la voyoit en peine,
Lui dit: Vous aviez lors la panse un peu moins pleine.
Vous êtes maigre entrée, il faut maigre sortir:
Ce que je vous dis là, l'on le dit à bien d'autres.
Mais ne confondons point, par trop approfondir,
    Leurs affaires avec les vôtres.

(*Fable LIX.*)

FABLE XVIII.
Le Chat et un vieux Rat.

J'ai lû, chez un conteur de fables,
Qu'un second Rodilard, l'Alexandre des chats,
L'Attila, le fléau des rats,
Rendoit ces derniers misérables.
J'ai lû, dis-je, en certain auteur,
Que ce chat exterminateur,
Vrai Cerbere, étoit craint une lieue à la ronde :
Il vouloit de souris dépeupler tout le monde.
Les planches qu'on suspend sur un léger appui,
La mort aux rats, les souricieres,
N'étoient que jeux au prix de lui.
Comme il voit que dans leurs tanieres
Les souris étoient prisonnieres,
Qu'elles n'osoient sortir, qu'il avoit beau chercher ;
Le galant fait le mort, & du haut d'un plancher
Se pend la tête en bas. La bête scélérate
A de certains cordons se tenoit par la pate.
Le peuple des souris croit que c'est châtiment,
Qu'il a fait un larcin de rôt ou de fromage,
Égratigné quelqu'un, causé quelque dommage ;
Enfin, qu'on a pendu le mauvais garnement.
Toutes, dis-je, unanimement
Se promettent de rire à son enterrement,
Mettent le nez à l'air, montrent un peu la tête,
Puis rentrent dans leurs nids à rats ;
Puis, ressortant, font quatre pas,
Puis enfin se mettent en quête.
Mais voici bien une autre fête.
Le pendu ressuscite ; & sur ses pieds tombant,
Attrape les plus paresseuses.